安徽财经大学服务安徽经济社会发展系列研究报告 2019

本报告为 2018 年度安徽省哲学社会科学规划重大项目“习近平生态文明思想的安徽实践研究(AHSKZD2018D04)”的阶段性成果。

安徽生态文明建设发展报告 2019

——新安江生态补偿机制专题报告

张会恒　孙　欣　夏茂森　著

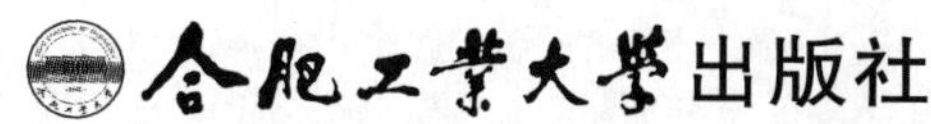

安徽财经大学科研工作始终坚持立足安徽做学问、服务安徽出成果，特别重视立足地方和行业需求构建多层次智库平台。安徽经济社会发展研究院是安徽财经大学设立的研究安徽经济社会发展的专门研究机构，拥有安徽省人文社科重点研究基地、省级协同创新中心、省教育厅智库和安徽省重点智库四个省级科研平台。这些平台优化资源配置、聚合科研力量，鼓励和引导教师围绕安徽省委省政府的重大发展战略选题，深入研究安徽经济社会发展中的重点、热点和难点问题，着力破解制约安徽地方经济社会发展的重大理论和现实问题，为建设特色鲜明的地方高水平财经大学提供了有益的智力支持，取得了较为丰硕的成果并积累了丰富的经验。安徽经济社会发展研究院努力实现在安徽经济发展方面的理论基础、政策研究与实践应用的紧密结合，打造成为立足安徽、面向全国的财经智库。

安徽财经大学每年出版的服务安徽经济社会发展系列研究报告是由安徽经济社会发展研究院组织相关学院的专、兼职研究人员编写出版。我校2006年公开出版服务安徽经济社会发展的首部研究报告——《安徽经济发展报告》，2007年《安徽省县域经济竞争力报告》发布，2010年《安徽省贸易发展研究报告》出版发布，形成我校服务安徽经济社会发展的三大品牌报告。至2019年，年度研究报告增至十部，主要包括：《安徽生态文明建设发展报告2019——新安江生态补偿机制专题报告》《安徽投资发展研究报告2019》《安徽贸易发展研究报告

2019》《安徽劳动就业与社会保障发展报告2019》《安徽城市发展研究报告2019》《助力乡村振兴——安徽农产品加工业发展研究报告2019》《安徽财政发展研究报告2019》《安徽县域经济竞争力报告2019》《安徽养老服务业发展报告2019》《安徽经济发展研究报告2019》等。

安徽财经大学服务安徽经济社会发展系列研究报告坚持稳定、控制数量、不断提升质量的指导思想，通过进入退出机制、激励机制、分级分类机制、合作机制、运行机制、评价机制和发布机制的改革，政策影响力和媒体影响力日益扩大。2016年，安徽经济社会发展研究院成功入围中国智库索引首批来源智库，并获大学智库指数排名中的普通高校第一名。根据《中国智库索引（CTTI）2018年发展报告》，2018年安徽经济社会发展研究院入选CTTI高校智库百强榜。

纵观这十部研究报告可以看出，报告的组织者与撰写者都付出了辛勤的劳动和不懈的努力。当然，我们也清醒地认识到，报告还存在这样或那样的缺点，与政府部门领导和社会各界对我们的期望还有相当大的差距，学校应当在智库建设方面做得更多、更好。我们坚信，只要坚持走下去，只要继续得到社会各界的关心和帮助，系列研究报告一定会越做越好！学校的智库建设也将结出更多的硕果！

安徽财经大学党委书记、校长　丁忠明

2019年4月20日

2018年，我国的生态文明制度建设和安徽省的生态文明制度建设都取得了显著的成就，其标志是出台了一系列的生态文明建设的制度法规。因此，我们继续按照往年的做法，对2018年全国和安徽省在生态文明制度建设中出台的政策法规进行梳理。同时增加了2018年全国和安徽省在生态文明建设中的五大重要事件。2018年，安徽省生态文明建设不断推进，水平不断提高。本报告对安徽省16个地市的生态文明建设水平进行了评价。

新安江流域是生态补偿机制建设的先行探索地，是习近平生态文明思想的重要实践地。2012年9月，财政部、原环境保护部、安徽省、浙江省正式签订《新安江流域水环境补偿协议》，我国首个跨省流域生态补偿试点正式实施。新安江生态补偿机制经过2012—2014年第一轮、2015—2017年第二轮两轮的成功试点后，2018年10月开始第三轮试点，到2020年结束，这标志着新安江生态补偿机制进入“3.0”时代。2018年12月27日，安徽省黄山市新安江上下游横向生态补偿机制成功入选“改革开放40年地方改革创新40案例”名单。这标志着黄山市在生态补偿机制改革中所取得的成就经验，得到了充分认可和高度评价。因此，对新安江生态补偿机制做专题研究有着重大的价值。

安徽省委省政府非常重视新安江生态补偿机制试点及其推广。

目前，新安江试点经验在安徽省内全面推开。安徽首个省级层面的生态补偿机制于2014年落地大别山。按照“谁受益、谁补偿”的原则，省财政出资1.2亿元，合肥、六安两市分别出资4000万元作为补偿资金，推动大别山水环境治理和保护。2017年12月30日，安徽省人民政府办公厅印发了《安徽省地表水断面生态补偿暂行办法》，标志着安徽全省建立了“以市级横向补偿为主、以省级纵向补偿为辅”的地表水断面生态补偿机制，促进全省河流、湖泊水质的进一步改善。2018年6月29日，省委办公厅、省政府办公厅专门印发《关于全面推广新安江流域生态补偿机制试点经验的意见》的通知，新安江生态补偿的经验被推广到安徽省长江流域。安徽省委省政府还印发了《关于全面打造水清岸绿产业优美丽长江（安徽）经济带的实施意见》，将建立覆盖沿江五市的水环境生态补偿机制。在大气污染防治领域，2018年7月，《安徽省环境空气质量生态补偿暂行办法》的印发标志着生态补偿机制的建立。

2018年8月1—3日，安徽省委书记李锦斌深入黄山市，调研新安江流域生态补偿机制建设情况。三天时间，李锦斌一行冒着酷暑，从新安江源头六股尖至下游千岛湖，采取陆上走与江上行相结合的方式，水陆行程近千里，全方位踏查、检查、督查新安江流域生态补偿机制建设、生态环境保护、推进绿色发展等情况。调研期间，李锦斌在黄山市主持召开座谈会。李锦斌在座谈会上指出：要重温总书记重要批示精神，深刻把握习近平生态文明思想的科学要义；要认真总结新安江生态补偿机制试点经验，着力推动习近平生态文明思想的成功实践；要完善推广发展新安江流域生态补偿机制，着力打造生态文明建设安徽样板。安徽财经大学安徽经济社会发展研究院院长张会恒教授应邀参加会议，并做《生态补偿机制的经济学理论基础及国内外经验借鉴》发言，发言的部分观点以《推动生态补偿资金来源渠道多元化》为题，被2018年8月9日《经济日报（理论版）》选用。自2018年起，安徽省哲学社会科学规划重大项目设立，首次发布6个项目，其中“习近平生态文明思想的安徽实践研究”项目由张会恒教授为首席专家，新安江生态补偿机制研究是子课题之一。本报告为2018年度安徽省哲学社会科学规划重大项目“习近平生态文明思想的安徽实践研究（AHSKZD2018D04)”的阶段性成果。

《安徽生态文明建设发展报告（2019）——新安江生态补偿机制专题报告》是由安徽财经大学安徽经济发展研究院组织相关人员合作完成。具体分工如下：安徽经济社会发展研究院院长张会恒教授、博士负责总体设计和统稿以及前言、第一章、第五章的编写，统计与应用数学学院教授、博士孙欣及硕士研究生王飞虎负责第二章的编写，经济学院硕士研究生谢云飞、黄振英负责第三章的编写，经济学院硕士研究生刘士栋负责第四章的编写，统计与应用数学学院副教授、博士夏茂森负责第六章的编写。

报告的编写得到安徽财经大学学校领导、安徽省委宣传部领导、黄山市发展和改革委员会领导的大力支持和帮助，报告的编写也参阅了相关政府网站公开的文字资料和统计资料以及政策文本和政策解读等资料，参阅了相关学术论文和新闻报道，在此一并表示感谢！

张会恒

2019年7月

MU LU 目录

第一章　2018 年出台的生态文明建设政策法规

党的十八大报告明确提出了“加强生态文明制度建设”的科学命题。建设生态文明，必须建立系统完整的生态文明制度体系。2018 年，我国的生态文明制度建设和安徽省的生态文明制度建设都取得了显著的成就，其主要标志就是出台了一系列的生态文明建设的政策法规。本章将对 2018 年我国和安徽省出台的重要的生态文明建设方面的政策法规做一梳理，以映射出生态文明建设的成就。

第一节　2018 年度生态文明建设十件大事

一、国家层面

2018 年 3 月 11 日，十三届全国人大一次会议第三次全体会议表决通过了《中华人民共和国宪法修正案》。“推动物质文明、政治文明、精神文明、社会文明、生态文明协调发展”等内容涉及建设生态文明，是本次宪法修正案中的一个突出亮点，标志着“生态文明”写入宪法。

2018 年 5 月 18—19 日，全国生态环境保护大会在北京召开。这次会议是我国生态文明建设和生态环境保护发展历程中，规格最高、规模最大、影响最广、意义最深的历史性盛会。大会最大的亮点就是确立了习近平生态文明思想。

深化国家生态环境和自然资源机构改革迈出重要步伐，组建自然资源部、生态环境部以及国家林业和草原局等部门，整合组建生态环境保护综合执法队伍，统一实行生态环境保护执法。

中央环保督察组对 20 个省份实施“回头看”，通过“回头看”，有效推动习近平生态文明思想贯彻落实，进一步压实地方党委政府生态环保责任，解决一大批突出生态环境问题，助推经济高质量发展。两批“回头看”公开103个典型案例，推动解决7万多个群众身边的生态环境问题，问责超过8000人，有效传导压力，倒逼整改落实。

原环境保护部出台了以《土壤污染防治法》为标志的系列政策法规。主要政策法规将在后文加以解读。

二、安徽省层面

2018年7月6日，全省生态环境保护大会在合肥召开。会议强调要深入贯彻落实习近平生态文明思想和全国生态环境保护大会精神，以更高站位、更实举措、更大力度打好污染防治攻坚战，着力打造生态文明建设的安徽样板。

高质量打好污染防治攻坚战。从2018年3月开始，安徽省生态环境系统启动史上规模最大、周期最长、覆盖最广、执法最严、效果最好的大气污染防治强化督查。聚焦控煤、控气、控车、控尘、控烧“五控”措施，大力实施大气污染防治工作。全省PM10年均浓度为76$\mu g/m^3$，同比下降13.6%；全省PM2.5年均浓度为49$\mu g/m^3$，同比下降12.5%。2018年全省空气质量优良天数比例达71%，同比提高4.3%，蓝天保卫战首战告捷。全力推进工业、城镇、农业农村、船舶港口、饮用水水源地污染治理“五治”工作，着力打好碧水保卫战。全省国考断面水质优良比例为75.2%，劣Ⅴ类断面比例为1.9%，均达到年度目标要求。着力抓好土壤污染状况详查等“五推”工作，稳步推进净土保卫战，全省土壤环境保持稳定。大力开展生态保护修复工作，省政府发布《安徽省生态保护红线》，划定红线面积21233.32平方千米，约占全省国土面积的15.15%。

“新安江模式”全面推广。通过两轮试点，生态补偿试点工作取得了丰硕成果，2018年10月签订了第三轮《新安江生态补偿协议》，有力助推新安江流域总体水质为优、千岛湖湖体水质总体稳定保持为Ⅰ类。2018年安徽省还建立了“以市级横向补偿为主、以省级纵向补偿为辅”的地表水断面生态补偿机制。2018年7月20日，安徽省人民政府办公厅发布了《安徽省环境空气质量生态补偿办法》。

为落实生态环保督察制度，加强中央环保督察及“回头看”反馈问题整改，2018 年，安徽省委常委会会议、省政府常务会议研究生态文明建设和生态环境保护工作 38 次（议题 56 个），省环境保护委员会 2 次专题研究部署生态环保工作，省委书记、省长分别做出批示指示 80 余件，亲自主导制定重要文件，挂帅出征、跋山涉水，察实情、解难题，倡导并持续实施全国首个《省级领导包保突出环境问题整改工作制度》。

2018 年，安徽省林长制改革取得明显成效，全面建立以党政领导责任制为核心的省、市、县、乡、村五级林长体系，共设立各级林长 5.2 万余名，共同守护绿水青山。林长制改革成为安徽生态文明体制改革的特色品牌。

第二节　2018 年我国出台的生态文明建设政策法规

2018 年，我国生态文明制度建设继续迈出坚实步伐，一年来，在生态文明建设方面出台了一系列新的制度文件。特别是《关于全面加强生态环境保护坚决打好污染防治攻坚战的意见》《关于在湖泊实施湖长制的指导意见》以及《关于淮河生态经济带发展规划的批复》等政策法规的出台，有力地推动了我国生态文明的建设步伐。

一、《关于在湖泊实施湖长制的指导意见》

2018 年 1 月 4 日，中共中央办公厅、国务院办公厅印发《关于在湖泊实施湖长制的指导意见》。

（一）背景

湖泊是江河水系的重要组成部分，是蓄洪储水的重要空间，在防洪、供水、航运、生态等方面具有不可替代的作用。长期以来，一些地方围垦湖泊、侵占水域、超标排污、违法养殖、非法采砂，造成湖泊面积萎缩、水域空间减少、水质恶化、生物栖息地破坏等问题突出，湖泊功能严重退化。在湖泊实施湖长制是贯彻党的十九大精神、加强生态文明建设的具体举措。

同时，在湖泊实施湖长制具有特殊性：一是湖泊一般有多条河流汇入，河湖关系复杂，湖泊管理保护需要与入湖河流通盘考虑、统筹推进；二是湖泊水体连通，边界监测断面不易确定，准确界定沿湖行政区域管理保护责任较为困难；三是湖泊水域岸线及周边普遍存在种植养殖、旅游开发等活动，管理保护不当极易导致无序开发；四是湖泊水体流动相对缓慢，水体交换更新周期长，营养物质及污染物易富集，遭受污染后治理修复难度大；五是湖泊在维护区域生态平衡、调节气候、维护生物多样性等方面的功能明显，遭受破坏对生态环境影响较大，管理保护必须更加严格。在湖泊实施湖长制，必须坚持问题导向，明确各方责任，细化实化措施，严格考核问责，确保取得实效。

（二）主要内容

1. 关于湖长的设立

全面建立省、市、县、乡四级湖长体系。各省（自治区、直辖市）行政区域内主要湖泊以及跨省级行政区域且在本辖区地位和作用重要的湖泊，由省级负责同志担任湖长；跨市地级行政区域的湖泊，原则上由省级负责同志担任湖长；跨县级行政区域的湖泊，原则上由市地级负责同志担任湖长。同时，湖泊所在的市、县、乡要按照行政区域分级分区设立湖长，实行网格化管理。

2. 关于湖长的职责

湖泊最高层级的湖长是第一责任人，对湖泊的管理保护负总责，要统筹协调湖泊与入湖河流的管理保护工作，确定湖泊管理保护目标任务，组织制订“一湖一策”方案，明确各级湖长职责，协调解决湖泊管理保护中的重大问题，依法组织整治围垦湖泊、侵占水域、超标排污、违法养殖、非法采砂等突出问题。其他各级湖长对湖泊在本辖区内的管理保护负直接责任，按职责分工组织实施湖泊管理保护工作。

3. 关于湖长制的主要任务

一是严格湖泊水域空间管控，严格控制开发利用行为；二是加强湖泊岸线管理保护，实行分区管理，强化岸线用途管制；三是加强湖泊水资源保护和水污染防治，落实最严格的水资源管理制度和排污许可证制度，严格控制入湖污染物总量；四是加大湖泊水环境综合整治力度；五是开展湖泊生态治理与修复；六是健全湖泊执法监管机制。

4. 关于湖长制的监督考核

县级及以上湖长负责组织对相应湖泊下一级湖长进行考核，考核结果作为地方党政领导干部综合考核评价的重要依据。实行湖泊生态环境损害责任终生追究制。

二、《农村人居环境整治三年行动方案》

2018年2月5日，中共中央办公厅、国务院办公厅印发《农村人居环境整治三年行动方案》。

（一）背景

近年来，各地区各部门认真贯彻党中央、国务院决策部署，把改善农村人居环境作为社会主义新农村建设的重要内容，大力推进农村基础设施建设和城乡基本公共服务均等化，农村人居环境建设取得显著成效。同时，我国农村人居环境状况很不平衡，脏乱差问题在一些地区还比较突出，与全面建成小康社会的要求和农民群众的期盼还有较大差距，仍然是经济社会发展的突出短板。出台这一方案，就是要整合各种资源，强化各项举措，稳步有序推进农村人居环境突出问题治理，让农民群众有更多实实在在的获得感、幸福感，为如期实现全面建成小康社会目标打下坚实基础。

（二）主要内容

1. 方案的重点

从当前全国大部分农村地区来看，人居环境矛盾最突出的就是垃圾污水带来的环境污染和“脏乱差”问题。方案聚焦农村生活垃圾、生活污水治理和村容村貌提升等重点领域，集中实施整治行动。垃圾治理的主要任务是建立健全符合农村实际、方式多样的生活垃圾收运处置体系，推进垃圾就地分类和资源化利用，着力解决农村垃圾乱扔乱放的问题；污水治理的主要任务是持续推进农村“厕所革命”，开展卫生厕所建设改造和粪污治理，普及不同水平的卫生厕所，因地制宜梯次推进农村生活污水治理，着力解决农村污水横流、水体黑臭等问题；村容村貌提升的主要任务是以通村组道路、入户道路为重点，基本解决农村通行不便、道路泥泞的问题，同时推进公共空间和庭院环境整治，加强对传统村落民居和历史文化名村名镇的保护。

2. 分区域的目标要求

东部地区、中西部城市近郊区等有基础、有条件的地区，人居环境质量全面提升，基本实现农村生活垃圾处置体系全覆盖，基本完成农村户用厕所无害化改造，厕所粪污基本得到处理或资源化利用，农村生活污水治理率明显提高，村容村貌显著提升，管护长效机制初步建立；中西部有较好基础、基本具备条件的地区，人居环境质量较大提升，力争实现 90％左右的村庄生活垃圾得到治理，卫生厕所普及率达到 85％左右，生活污水乱排乱放得到管控，村内道路通行条件明显改善；地处偏远、经济欠发达等地区，在优先保障农民基本生活条件的基础上，实现人居环境干净整洁的基本要求。

3. 鼓励各类企业积极参与农村人居环境整治项目

如何确保农村人居环境整治的资金投入？方案主要明确了以下途径：一是建立以地方为主、中央补助的政府投入体系。二是加大金融支持力度。支持收益较好、实行市场化运作的农村基础设施重点项目开展股权和债权融资。三是调动社会力量积极参与。鼓励各类企业积极参与农村人居环境整治项目。如何着力健全村庄人居环境管护长效机制，激发农民建设美丽家园的自觉性、主动性？方案提出：一是加强村庄规划管理。全面完成县域乡村建设规划编制或修编，鼓励推行多规合一。推进实用性村庄规划编制实施。村庄规划的主要内容应纳入村规民约。二是完善建设和管护机制。基本建立有制度、有标准、有队伍、有经费、有督查的村庄人居环境管护长效机制。三是发挥村民主体作用。强化基层党组织核心作用。将农村环境卫生要求纳入村规民约，鼓励成立农村环保合作社，明确农民维护公共环境的责任。

三、《关于全面加强生态环境保护坚决打好污染防治攻坚战的意见》

2018 年 6 月 24 日，中共中央国务院印发《关于全面加强生态环境保护坚决打好污染防治攻坚战的意见》（以下简称《意见》）。

（一）背景

党的十八大以来，各地区各部门认真贯彻落实党中央、国务院决策部署，生态文明建设成效显著。同时，我国生态文明建设和生态环境保护面临不少困难和挑战。一些地方和部门对生态环境保护认识不到位，责任落实不到位；经济社会发展同生态环境保护的矛盾仍然突出，资源环境承载能力已经达到或接近上限；城乡区域统筹不够，新老环境问题交织，区域性、布局性、结构性环境风险凸显，重污染天气、黑臭水体、垃圾围城、生态破坏等问题时有发生。这些问题成为全面建成小康社会的明显短板。

（二）主要内容

1. 打好污染防治攻坚战的思想武器——习近平生态文明思想

习近平生态文明思想内涵丰富，系统完整，集中体现在“八个坚持”：坚持生态兴则文明兴；坚持人与自然和谐共生；坚持绿水青山就是金山银山；坚持良好生态环境是最普惠的民生福祉；坚持山水林田湖草是生命共同体；坚持用最严格制度、最严密法治保护生态环境；坚持建设美丽中国全民行动；坚持共谋全球生态文明建设。

2. 全面加强党对生态环境保护的领导

《意见》提出，落实党政主体责任，地方各级党委和政府必须坚决扛起生态文明建设和生态环境保护的政治责任，对本行政区域的生态环境保护工作及生态环境质量负总责，主要负责人是本行政区域生态环境保护第一责任人，至少每季度研究一次生态环境保护工作。《意见》还提出强化考核问责，严格责任追究。

3. 重点打好蓝天、碧水、净土三大保卫战

《意见》以 2020 年为时间节点，兼顾 2035 年和 21 世纪中叶，从质量、总量、风险三个层面确定攻坚战的目标。《意见》提出，到 2020 年，生态环境质量总体改善，主要污染物排放总量大幅减少，环境风险得到有效管控，生态环境保护水平同全面建成小康社会目标相适应。

4. 努力夯实污染防治攻坚战的基础支撑

推动形成绿色发展方式和生活方式：促进经济绿色低碳循环发展；

推进能源资源全面节约；引导公众绿色生活。加快生态保护与修复：划定并严守生态保护红线；坚决查处生态破坏行为；建立以国家公园为主体的自然保护地体系。改革完善生态环境治理体系：完善生态环境监管体系；健全生态环境保护经济政策体系；健全生态环境保护法治体系；强化生态环境保护能力保障体系；构建生态环境保护社会行动体系。

四、《打赢蓝天保卫战三年行动计划》

2018 年 6 月 27 日，国务院印发《打赢蓝天保卫战三年行动计划的通知》(国发〔2018〕22 号)。

（一）背景

中央经济工作会议、中央财经委员会第一次会议、全国生态环境保护大会先后强调，打好打胜污染防治攻坚战，坚决打赢蓝天保卫战是重中之重，要求制订打赢蓝天保卫战三年行动计划，确保三年取得更大成效。

（二）主要内容

1. 总体思路

总体思路是“四个四”，即突出四个重点、优化四大结构、强化四项支撑、实现四个明显。

突出四个重点，即重点防控污染因子是 PM2.5，重点区域是京津冀及周边、长三角和汾渭平原，重点时段是秋冬季和初春，重点行业和领域是钢铁、火电、建材等行业以及“散乱污”企业、散煤、柴油货车、扬尘治理等领域。

优化四大结构，就是要优化产业结构、能源结构、运输结构和用地结构。

强化四项支撑，就是要强化环保执法督察、区域联防联控、科技创新和宣传引导。

实现四个明显，就是要进一步明显降低 PM2.5 浓度，明显减少重污染天数，明显改善大气环境质量，明显增强人民的蓝天幸福感。

2. 大气污染治理呈现四方面变化

第一，更加突出精准施策。在重点区域范围方面去掉了珠三角，增加了汾渭平原。京津冀区域调整为京津冀大气传输通道“2＋26”城市，这也是充分考虑了大气区域传输的客观规律，使治理范围更加精准，针对性也更强。从时间尺度上，更加聚焦秋冬季污染防控。在重点措施方面，更加强调突出抓好工业、散煤、柴油货车和扬尘四大污染源的治理。

第二，更加强化源头控制。文件中提出着力优化四个结构：一是优化产业结构，二是优化能源结构，三是优化运输结构，四是优化用地结构。

第三，更加注重科学推进。对于“散乱污”企业，要按照关停取缔、整改提升、搬迁入园实施分类处置；对于北方地区清洁取暖，提出坚持从实际出发，宜电则电、宜气则气、宜煤则煤、宜热则热，“煤改气”要突出重点，“以气定改”，先立后破，确保清洁取暖和温暖过冬两个民生保障。

第四，更加注重长效机制。落实各方责任，有关部门和地方根据要求，制定配套政策措施和实施方案，落实“党政同责”“一岗双责”，建立和完善排查、交办、核查、约谈、专项督察“五步法”监管机制，切实传导压力，创新环境执法监管方式，推广“双随机、一公开”模式，压实企业责任。强化区域联防联控，建立完善区域大气污染防治协作机制，进一步加强重污染天气应急联动，同一个区域统一应急、统一标准、统一发布，实施整个区域的应急联动。

五、《关于加强滨海湿地保护严格管控围填海的通知》

2018 年 07 月 25 日，国务院印发《关于加强滨海湿地保护严格管控围填海的通知》（国发〔2018〕24 号）（以下简称《通知》）。

（一）背景

滨海湿地（含沿海滩涂、河口、浅海、红树林、珊瑚礁等）是近海生物重要栖息繁殖地和鸟类迁徙中转站，是珍贵的湿地资源，具有重要的生态功能。近年来，我国滨海湿地保护工作取得了一定成效，但由于长期以来的大规模围填海活动，滨海湿地大面积减少，自然岸线锐减，对海洋和陆地生态系统造成损害。为切实提高滨海湿地保护水平，严格管控围填海活动。之前是部门制定的政策文件，效力有限，这次由国务院发文，体现了党中央、国务院对滨海湿地保护和围填海管控工作的高度重视。

（二）主要内容

1. 严控新增围填海造地

大规模围填海活动是导致滨海湿地减少的主要原因，《通知》核心内容之一就是严控新增围填海造地、严格规范审批程序。一是严控新增围填海项目，完善围填海总量管控，取消围填海地方年度计划指标，相应地，地方不再审批新增围填海项目。二是除国家重大战略项目外，全面停止新增围填海项目审批。三是新增围填海项目要同步强化生态保护修复，边施工边修复，最大程度避免降低生态系统服务功能。未经批准或骗取批准的围填海项目，由相关部门严肃查处，责令恢复海域原状，依法从重处罚。四是严格规范审批程序，国家重大战略涉及的围填海项目，由国家发展和改革委员会、自然资源部会同有关部门，按照严格管控、生态优先、节约集约的原则，会同有关部门就必要性、选址、规模、生态影响等提出审核意见，按程序报国务院审批。五是原则上不再受理有关省级人民政府提出的涉及辽东湾、渤海湾、莱州湾、胶州湾等生态脆弱敏感、自净能力弱的海域的围填海项目。六是将新增围填海项目审批与历史遗留问题处理相挂钩，原则上不受理未完成历史遗留问题处理的省（区、市）提出的新增围填海项目申请。

2. 加快处理围填海历史遗留问题

进入 21 世纪以来，沿海地区在推进生态文明建设方面取得了积极进展，但由于“向海索地”的工作思路长期存在，重开发轻保护的观念没有得到根本扭转，脱离实际需求盲目实施了大规模围填海活动。一些工程处于停工闲置状态，存在围而不填、填而不建的现象，不利于海域资源可持续利用，甚至有可能引发地方政府债务风险。因此，如何妥善处理好这些历史遗留问题，已成为迫切需要解决的现实问题。

3. 加强海洋生态保护修复

当前，我国滨海湿地大面积减少，对海洋和陆地生态系统造成损害，如果不及时采取措施，协同推进保护修复，将威胁海洋生态安全。

为此，一是严守生态保护红线。要对已经划定的海洋生态保护红线实施最严格的保护和监管，要对非法占用红线的围填海项目开展全面清理。二是加强滨海湿地保护区建设。要在全面强化现有沿海各类自然保护区管理的基础上，选划和建立一批海洋自然保护区、海洋特别保护区或湿地公园，将一些亟须保护的重要滨海湿地和重要物种栖息地纳入保护范围。三是实施滨海湿地整治修复。要坚持以自然恢复为主、以人工修复为辅的方式，加大财政支持力度，开展滨海湿地生态损害鉴定评估、赔偿、修复技术研究，积极推进“蓝色海湾”“南红北柳”“生态岛礁”等重大生态修复工程，支持通过存量退围还海、退养还滩、退耕还湿等方式，逐步修复已经破坏的滨海湿地。

4. 建立滨海湿地保护和围填海管控长效机制

健全调查监测体系。统一湿地技术标准，结合“三调”工作，对包括滨海湿地在内的全国湿地进行逐地块调查，准确评价和分析湿地保护、利用、权属、生态状况及功能。建立动态监测系统，进一步加强围填海情况监测，及时掌握滨海湿地及自然岸线的动态变化，对于违法违规的新增围填海，早发现、早查处。

严格用途管制。将湿地保护纳入国土空间规划进行统一安排，加强国土空间用途管制，提高环境准入门槛，严格限制在生态脆弱敏感、自净能力弱的海域实施围填海行为。严禁国家产业政策淘汰类、限制类项目在滨海湿地布局，实现山水林田湖草整体保护、系统修复、综合治理。

加强围填海监督检查。自然资源部将督导沿海各省加快处理围填海历史遗留问题，并将其纳入督察重点事项；加大督察问责力度，督促地方整改落实首轮围填海专项督察发现的问题，落实地方主体责任。2018年下半年，将启动围填海专项督察“回头看”，坚决严厉打击违法违规围填海行为。

六、《关于开展生态环境保护法规、规章、规范性文件清理工作的通知》

2018年9月18日，国务院办公厅印发《关于开展生态环境保护法规、规章、规范性文件清理工作的通知》(国办发〔2018〕87号)。

(一)背景

2018年6月，党中央、国务院发布《关于全面加强生态环境保护坚决打好污染防治攻坚战的意见》，要求健全生态环境保护法治体系。7月，第十三届全国人大常委会第四次会议通过关于全面加强生态环境保护、依法推动打好污染防治攻坚战的决议，提出建立健全最严格最严密的生态环境保护法律制度。为落实上述相关要求，做好生态环境保护法规、规章、规范性文件清理工作，经国务院同意，就有关事项做出通知。

(二)主要内容

清理范围。此次清理的范围是生态环境保护相关行政法规，省、自治区、直辖市、设区市、自治州人民政府和国务院部门制定的规章以及县级以上地方人民政府及其所属部门、国务院部门制定的规范性文件。清理的重点是，与习近平生态文明思想和党的十八大以来党中央、国务院有关生态环境保护文件精神以及生态环境保护方面的法律不符合不衔接不适应的规定。

清理职责。清理工作坚持“谁制定、谁清理”的原则。国务院各部门在开展清理工作的同时，认为法律、行政法规存在不利于生态环境保护的有关规定，应当提出具体建议、修改方案和修改废止理由；对于涉及有关法律、地方性法规、司法解释的问题，应当及时报告全国人大常委会法工委；对于涉及有关法律立改废释工作或者需要全国人大常委会做出相关决定的，应报请国务院依法提出相关议案。

清理要求。各地区、各部门要依据党中央、国务院有关生态环境保护文件精神和上位法修改、废止情况，逐项研究清理。规章、规范性文件的主要内容与党中央、国务院有关生态环境保护文件相抵触，或与现行生态环境保护相关法律、行政法规不一致的，要予以废止；部分内容与党中央、国务院有关生态环境保护文件相抵触，或与现行生态环境保护相关法律、行政法规不一致的，要予以修改。

结果报送。县级以上地方人民政府所属部门要及时向本级人民政府报送清理结果。市、县级人民政府要及时将本级政府及其所属部门的清理结果报送上一级地方人民政府。各省、自治区、直辖市人民政府和国务院各部门应于 2018 年 10 月 15 日前将本地区、本部门的规章、规范性文件清理结果报送国务院，同时抄送生态环境部、司法部。国务院有关部门应于 2018 年 10 月 15 日前将对法律、行政法规的清理意见、修改草案和说明报送国务院，并抄送生态环境部、司法部。生态环境部、司法部应于 2018 年 10 月底前将上述清理情况汇总后报送国务院。

七、《关于加强长江水生生物保护工作的意见》

2018 年 10 月 15 日，国务院办公厅印发《关于加强长江水生生物保护工作的意见》（国办发〔2018〕95 号）（以下简称《意见》）。

（一）出台背景

多年来，受拦河筑坝、水域污染、过度捕捞、航道整治、岸坡硬化、挖砂采石等人类活动的影响，长江生物多样性持续下降，水生生物保护形势严峻，水域生态修复任务艰巨。2016 年 1 月和 2018 年 4 月，习近平总书记在重庆和武汉两次主持召开座谈会，对长江生态环境和水生生物保护与修复提出了明确要求，强调长江经济带建设要"首先立个规矩，把长江生态修复放在首位，保护好中华民族的母亲河，不能搞破坏性开发。通过立规矩，倒逼产业转型升级，在坚持生态保护的前提下，发展适合的产业，实现科学发展、有序发展、高质量发展""当前和今后相当长一个时期，要把修复长江生态环境摆在压倒性位置，共抓大保护，不搞大开发""要用改革创新的办法抓长江生态保护""绝不容许长江生态环境在我们这一代人手上继续恶化下去，一定要给子孙后代留下一条清洁美丽的万里长江"。这是《意见》出台总的背景和总的遵循。

（二）主要内容

《意见》提出，到 2020 年，长江流域重点水域实现常年禁捕。针对如何保证渔民利益的问题，一方面，建立长江流域重点水域禁捕补偿制度，不允许捕捞，但是国家给予适当补偿，对渔民生计进行合理保障，引导长江流域捕捞渔民退捕转产；另一方面，推进水产健康养殖，从“养”上找出路，满足全国人民对水产品消费的需求。

《意见》也对增殖放流活动做出了具体规定。放流是一项专业性和技术性很强的工作，需要科学规范放流。严禁向天然开放水域放流外来物种、人工杂交或转基因种，防范外来物种入侵和种质资源污染。2015—2017 年，在长江流域累计放流经济物种 129.3 亿尾，珍稀特有物种 3414 万尾，在一定程度上补充了繁殖亲本和生物资源，初步遏制了濒危物种急剧衰退的趋势。

八、《国务院关于淮河生态经济带发展规划的批复》

2018 年 10 月 18 日，国务院印发国务院《关于淮河生态经济带发展规划的批复》（国函〔2018〕126 号）。

规划范围包括 25 个地市和 4 个县（市），面积达 24.3 万平方千米，2017 年末常住人口为 1.46 亿，地区生产总值为 6.75 万亿元。

“一带”指淮河干流绿色发展带。充分发挥淮河干流水道作用，加快推进淮河出海航道建设和中下游航道疏浚，增强干流航运能力，大力发展多式联运，加快沿淮铁路、高速公路和集疏运体系建设，构建综合立体交通走廊。增强淮安、盐城、蚌埠、信阳辐射带动能力，形成特色鲜明、布局合理、生态良好的现代特色产业和城镇密集带。

“三区”指东部海江河湖联动区、北部淮海经济区、中西部内陆崛起区。东部海江河湖联动区包括淮安、盐城、扬州、泰州、滁州等市，发挥淮安、盐城区域中心城市的引领作用，依托洪泽湖、高邮湖、南四湖等重要湖泊水体，统筹海江河湖生态文明建设，强化与长江三角洲、皖江城市带等周边区域的对接互动。北部淮海经济区包括徐州、连云港、宿迁、宿州、淮北、商丘、枣庄、济宁、临沂、菏泽等市，着力提升徐州区域中心城市的辐射带动能力，发挥连云港新亚欧大陆桥经济走廊东方起点和陆海交汇枢纽的作用，推动淮海经济区协同发展。中西部内陆崛起区包括蚌埠、信阳、淮南、阜阳、六安、亳州、驻马店、周口、漯河、平顶山、桐柏、随县、广水、大悟等市（县），发挥蚌埠、信阳、阜阳区域中心城市的辐射带动作用，积极承接产业转移，推动资源型城市转型发展，因地制宜发展生态经济，加快新型城镇化和农业现代化进程。

“四轴”指依托新（沂）长（兴）铁路、京沪高速公路、京杭运河以及在建的连淮扬镇高铁、规划建设的京沪高铁二通道，建设临沂—连云港—宿迁—淮安—盐城—扬州—泰州发展轴；依托京广线，建设漯河—驻马店—信阳发展轴；依托京九线，建设菏泽—商丘—亳州—阜阳—六安发展轴；依托京沪铁路与高铁，建设济宁—枣庄—徐州—淮北—宿州—蚌埠—淮南—滁州发展轴。依托四条发展轴，向南对接长三角城市群、长江中游城市群、皖江城市带，向北对接京津冀地区、中原城市群，着力吸引人口、产业聚集，辐射带动苏北、皖北、豫东、鲁南、鄂东北等区域发展。

九、《“无废城市”建设试点工作方案》

2018年12月29日，国务院办公厅印发《“无废城市”建设试点工作方案》的通知（国办发〔2018〕128号）。

（一）背景

我国固体废物产生强度高、利用不充分，非法转移倾倒事件仍呈高发频发态势，既污染环境，又浪费资源，与人民日益增长的优美生态环境需要还有较大差距。开展“无废城市”建设试点是深入落实党中央、国务院决策部署的具体行动，是从城市整体层面深化固体废物综合管理改革和推动“无废社会”建设的有力抓手，是提升生态文明、建设美丽中国的重要举措。“无废城市”并不是没有固体废物产生，也不意味着固体废物能完全资源化利用，而是一种先进的城市管理理念，旨在最终实现整个城市固体废物产生量最小、资源化利用充分、处置安全的目标，需要长期探索与实践。

（二）主要内容

1. 试点目标和试点范围

通过在试点城市深化固体废物综合管理改革，总结试点经验做法，形成一批可复制、可推广的“无废城市”建设示范模式，为推动建设“无废社会”奠定良好基础。在全国范围内选择10个左右有条件、有基础、规模适当的城市，在全市域范围内开展“无废城市”建设试点。

2. 强化顶层设计引领，发挥政府宏观指导作用

建立“无废城市”建设指标体系，发挥导向引领作用；优化固体废物管理体制机制，强化部门分工协作；加强制度政策集成创新，增强试点方案的系统性；统筹城市发展与固体废物管理，优化产业结构布局。

3. 实施工业绿色生产，推动大宗工业固体废物贮存处置总量趋零增长

全面实施绿色开采，减少矿业固体废物产生和贮存处置量；开展绿色设计和绿色供应链建设，促进固体废物减量和循环利用；健全标准体系，推动大宗工业固体废物资源化利用；严格控制增量，逐步解决工业固体废物历史遗留问题。

4. 推行农业绿色生产，促进主要农业废弃物全量利用

以规模养殖场为重点，以建立种养循环发展机制为核心，逐步实现畜禽粪污就近就地综合利用；以收集、利用等环节为重点，坚持因地制宜、农用优先、就地就近的原则，推动区域农作物秸秆全量利用；以回收、处理等环节为重点，提升废旧农膜及农药包装废弃物再利用水平。

5. 践行绿色生活方式，推动生活垃圾源头减量和资源化利用

以绿色生活方式为引领，促进生活垃圾减量；多措并举，加强生活垃圾资源化利用；开展建筑垃圾治理，提高源头减量及资源化利用水平。

6. 提升风险防控能力，强化危险废物全面安全管控

筑牢危险废物源头防线；夯实危险废物过程严控基础；完善危险废物相关标准规范。

7. 激发市场主体活力，培育产业发展新模式

将固体废物产生、利用处置企业纳入企业环境信用评价范围，根据评价结果实施跨部门联合惩戒；发展“互联网＋”固体废物处理产业；积极培育第三方市场。

十、《关于深化生态环境保护综合行政执法改革的指导意见》

2018 年 12 月 29 日，中共中央办公厅、国务院办公厅印发《关于深化生态环境保护综合行政执法改革的指导意见》的通知。

（一）背景

为贯彻落实《中共中央关于深化党和国家机构改革的决定》《深化党和国家机构改革方案》的部署要求，深化生态环境保护综合行政执法改革，整合相关部门生态环境保护执法职能，统筹执法资源和执法力量，推动建立生态环境保护综合执法队伍，坚决制止和惩处破坏生态环境行为，为打好污染防治攻坚战、建设美丽中国提供坚实保障。

（二）主要内容

1. 总体目标

有效整合生态环境保护领域执法职责和队伍，科学合规设置执法机构，强化生态环境保护综合执法体系和能力建设。

2. 主要任务

整合执法职责。整合环境保护和国土、农业、水利、海洋等部门相关污染防治和生态保护执法职责。

组建执法队伍。在明确执法机构以及人员划转认定标准和程序基础上，按照编随事走、人随编走的原则，有序整合环境保护和国土农业、水利、海洋、林业等部门相关污染防治和生态保护执法队伍，组建生态环境保护综合执法队伍。

规范机构设置。除直辖市外，县（市、区、旗）执法队伍在整合相关部门人员后，随同级生态环境部门并上收到设区市，由设区市的生态环境局统一管理、统一指挥。县级生态环境分局一般实行“局队合一”体制。

优化职能配置。生态环境保护综合执法队伍的主要职能是依法查处生态环境违法行为，依法开展污染防治、生态保护、核与辐射安全等方面的日常监督检查。

明确执法层级。按照属地管理、重心下移的原则，减少执法层级，合理划分各级生态环境保护综合执法队伍的执法职责。

加强队伍建设。严把人员进口关，严禁将不符合行政执法类公务员管理规范要求的人员划入生态环境保护综合执法队伍，严禁挤占、挪用本应用于公益服务的事业编制。全面清理规范临时人员和编外聘用人员，严禁使用辅助人员执法。

第三节　2018年安徽省出台的生态文明建设政策法规

2018年，安徽深入实施生态强省战略，进一步提升生态文明建设水平。为实现到2020年“生态文明重大制度基本确立”的目标，安徽先后出台了《关于创新体制机制推进农业绿色发展的实施意见》《安徽省环境空气质量生态补偿办法》《安徽省生态保护红线》等重要文件，使得安徽的生态文明建设不断向纵深方向发展。

一、《关于创新体制机制推进农业绿色发展的实施意见》

2018年5月，安徽省省委办公厅、省政府办公厅出台《关于创新体制机制推进农业绿色发展的实施意见》。

(一) 背景

为贯彻落实2017年9月23日中共中央办公厅、国务院办公厅印发的《关于创新体制机制推进农业绿色发展的实施意见》精神，加快体制机制创新，推进我省农业绿色发展，省委办公厅、省政府办公厅出台《关于创新体制机制推进农业绿色发展的实施意见》，明确了推进农业绿色发展的目标任务和保障措施，在体制机制层面做出了一系列约束与激励并重的制度性安排。

(二) 主要任务

明确了推进农业绿色发展的总体要求、目标任务和保障措施，在体制机制层面做出了一系列约束与激励并重的制度性安排。到2020年，耕地保有量不低于8736万亩，全省耕地质量平均比2015年提高0.5个等级以上，农田灌溉水有效利用系数达到0.535。主要农作物化肥、农药使用量实现零增长，化肥、农药利用率达到40%；农作物秸秆综合利用率达到90%以上，畜禽粪污综合利用率达到80%以上，农膜回收率达到80%。全省森林覆盖率达到30%以上，湿地保有量1560万亩，基本农田林网控制率达到95%。全省粮食综合生产能力稳定在

720 亿斤左右，农产品质量安全水平和品牌农产品占比明显提升，休闲农业和乡村旅游加快发展。

到 2020 年，建立并完善全省农业绿色发展机制体制，通过创新机制体制推动全省农业绿色发展，全面建立以绿色生态为导向的制度体系，基本形成与资源环境承载力相匹配、与生产生活生态相协调的农业发展新格局，努力实现耕地数量不减少、耕地质量不降低、地下水不超采，化肥、农药使用量零增长，秸秆、畜禽粪污、农膜综合利用，实现农业可持续发展、农民生活更加富裕、乡村更加美丽宜居。重点围绕落实农业功能区制度、建立农业生产力布局制度、完善农业资源环境管控制度、建立农业绿色循环低碳生产制度、完善贫困地区农业绿色开发机制等五方面来优化全省农业主体功能与空间布局。围绕建立耕地轮作休耕制度、完善节约高效的农业用水制度、健全农业生物资源保护与利用体系等三个方面来强化全省农业资源保护与节约利用。围绕建立工业和城镇污染向农业转移防控机制、健全农业投入品减量使用制度、健全农业投入品减量使用制度、完善秸秆和畜禽粪污等资源化利用制度、建立废旧地膜和包装废弃物等回收处理制度等五方面来加强产地环境保护与治理。围绕构建田园生态系统，健全水生生态保护修复制度，实行林业和湿地养护制度等三方面来养护修复农业生态系统。通过构建支撑农业绿色发展的科技创新体系、完善农业生态补贴制度、建立绿色农业标准体系、完善绿色农业法规规章制度体系、建立农业资源环境生态监测预警体系、健全农业人才培养机制等六方面来健全创新驱动与约束激励机制。

二、《关于建立固体废物污染防控长效机制的意见》

2018 年 6 月 19 日，安徽省人民政府发布《关于建立固体废物污染防控长效机制的意见》（皖政〔2018〕51 号）（以下简称《意见》）。

（一）背景

为贯彻习近平总书记在深入推动长江经济带发展座谈会上的重要讲话精神，落实省委常委会关于“积极推动皖江地区生态体系质量和稳定性逐步提升”和省政府第 6 次常务会议的有关要求，为全面加强固体废物全过程监督管理，压实污染防控责任，依法查处、严厉打击环境违法行为，促进固体废物产生、贮存、运输、利用、处置等单位守法自律，安徽省人民政府印发该《意见》。

（二）主要内容

《意见》按照“控源头、奖举报、查输运、堵落地、严打击、重追责”总体思路，分六大部分。

控源头方面。实行固体废物信息化监管，建立覆盖省、市、县三级的固体废物信息管理系统，对涉固体废物企业依托平台实施申报登记，逐步实行固体废物信息化监管。严格固体废物转移管理，固体废物跨省贮存、处置应当依法履行审批程序，严格落实利用类危险废物外省转入限额，禁止外省危险废物转入我省焚烧、干化、物化、填埋。工业固体废物跨省、市、县转移利用，应当在所在地设区市或县级环境保护部门申报登记。推进固体废物减量化，提高固体废物综合利用水平。

奖举报方面。畅通举报渠道，及时修订《安徽省环境违法行为有奖举报办法》，增加对危险废物、工业固体废物方面环境违法行为的有关举报奖励条款，大幅提高奖励标准。奖励经费由同级财政部门在环境保护部门年度预算中予以保障。

查输运方面。建立省内通航水域港口码头清单管理制度。建立港口码头固体废物装卸监管制度。将符合港口总体规划及有关技术标准，依法取得经营资格从事港口经营活动的组织和个人列入清单管理，并进行动态调整，全面掌握港口码头经营人、码头泊位数、泊位等级、码头吞吐能力等基本信息，持续清理取缔无证经营码头，加强省际运输管控。

堵落地方面。按照行政区域边界划分，建立健全市、县、乡镇（街道）、村（社区）四级环境监管网格，工业园区要建立独立网格。各级网格由一名政府负责人担任网格长，实行网格长负责制，对固体废物排查实行“四联签”清单制度。充分发挥河长制、湖长制、林长制的作用，及时发现、制止固体废物污染环境等违法行为。

严打击方面。规范案件受理，公安机关充分发挥职能作用，提高对固体废物污染环境犯罪线索的发现、核查能力，加强公安机关和环保部门在固体废物污染环境方面的协作配合。强化案件侦办，公安机关打击固体废物污染环境犯罪采取专案侦查模式，围绕源头、中介、运输、倾倒、处置等环节全面侦查取证。实行固体废物污染环境犯罪案件“逐级申报、层级挂牌、上级指定”挂牌督办制度。强化办案协作，加强公安部门内部与环保部门、检察院协作配合。

重追责方面，根据履行职责不力、失职失责的具体情形，制定量化问责办法，提出问责建议，按照干部管理权限移送有关纪检监察机关和组织人事部门追究责任。对有关失职失责行为，从严问责。

三、《安徽省生态保护红线》

2018 年 6 月 27 日，安徽省人民政府发布关于《安徽省生态保护红线》的通知。

（一）背景

划定并严守全省生态保护红线，是推进生态文明体制改革的重要内容，是落实主体功能区制度、实施生态空间用途管制、保障生态安全底线和生命线的基础性制度安排，对于打造生态文明建设安徽样板、加快建设现代化五大发展美好安徽具有重要意义。

（二）主要内容

安徽省生态保护红线总面积为 21233.32 平方千米，约占全省国土总面积的 15.15%，有水源涵养、水土保持、生物多样性维护 3 大类 16 个片区。红线区禁止开发，保护了全省 35.34%的森林、44.26%的草地和 54.80%的湿地生态系统等。

安徽省生态保护红线基本空间格局为“两屏两轴”：“两屏”为皖西山地生态屏障和皖南山地丘陵生态屏障，主要生态功能为水源涵养、水土保持与生物多样性维护；“两轴”为长江干流及沿江湿地生态廊道、淮河干流及沿淮湿地生态廊道，主要生态功能为湿地生物多样性维护。

安徽省生态保护红线集中分布于：①皖西大别山区的梅山、响洪甸、磨子潭、佛子岭、龙河口和花凉亭等水库库区及上游山区，皖南的黄山—九华山区，率水上游的中低山区，登源河和水阳江上游山区等水源涵养重要区域；②皖西的天柱山区和岳西盆地地区，沿江以北的丘陵区，沿江以南的低山区，青弋江和漳河上游丘陵区，新安江中游的西天目山山区，江淮分水岭地区，皖北黄泛平原等水土保持重要区域；③皖东南山区，牯牛降及周边地区，巢湖湖区，滁河上游的滁西丘陵区，皖北皇藏峪及周边，沿江以北华阳河湖群区，长江沿江湿地区，淮河中下游的沿淮湖泊湿地区等生物多样性富集地区。

从市域看，生态保护红线面积比重较高的为黄山市（37.55%）、池州市（33.49%）、六安市（28.12%）、安庆市（22.45%）。从县域看，生态保护红线面积比重较高的为石台县（61.9%）、金寨县（55.96%）、黄山区（52.57%）、霍山县（51.79%）。

根据红线制度安排，各地、各部门要确立生态保护红线优先地位，确保红线生态功能不降低、面积不减少、性质不改变。红线保护成效将纳入生态文明建设目标评价考核体系，作为党政领导班子和领导干部综合评价及责任追究、离任审计的重要参考。

生态保护红线内禁止进行大规模高强度的工业化和城镇化开发，可在一定程度上缓解水土流失、生物环境破碎化等问题，推动全省生态环境质量的全面改善与提升。

四、《安徽省环境空气质量生态补偿办法》

2018 年 7 月 20 日，安徽省人民政府办公厅发布了《安徽省环境空气质量生态补偿办法》（以下简称《办法》）。

（一）背景

为进一步落实各市人民政府对本行政区域环境空气质量的管理职责，强化环境空气质量目标管理，促进全省环境空气质量改善，省政府办公厅印发了《关于印发安徽省环境空气质量生态补偿暂行办法的通知》（以下简称《办法》），建立全省环境空气质量生态补偿机制。本办法自 2018 年 7 月 1 日起施行，有效期至 2020 年 12 月 31 日。

（二）主要内容

基本原则是奖优罚劣，纵横结合，以当前空气质量考核的核心指标 PM2.5 为主，PM10 为辅，其他指标暂不纳入。

《办法》以PM2.5为核心，每季度对各设区市环境空气质量改善情况进行考核，并以此确定各市获得的生态补偿资金额度，空气质量恶化的市，需向省级缴纳生态补偿资金，用于补偿空气质量改善的市。考虑我省各地空气质量现状差异较大，改善任务轻重不同，补偿金额基于各市空气质量与本市上年度质量纵向比较决定，不在各市间做横向比较。其中资金来源方面，省级资金从大气污染防治专项资金中列支。

补偿资金计算公式是《办法》的核心条款。计算公式中，以季度为单位，PM2.5占75%，PM10占25%，根据两项指标加权后较上年同季度下降或上升的幅度，计算补偿或上缴资金，同时考虑季度系数和目标修正系数。在公式中引入了季度系数和目标考核系数，一是体现不同季节大气污染防治工作的任务差别，以空气质量压力较大、污染防治任务较重的冬春两季为全年重点，适当降低了夏秋两季的权重（一季度100%、二季度60%，三季度60%、四季度120%）。结合目标考核情况，对未完成目标的市进行相应处罚。

针对黄山市空气质量已达到国家二级标准，进一步改善的空间较小，参与核算补偿金额较低的情况，因此给予定额奖励，不再参与核算。奖励分两档，保底500万元/年，如果PM2.5平均浓度持续下降则提升至800万元/年。

五、《安徽省农作物秸秆综合利用三年行动计划（2018—2020年）》等文件

近日，安徽省人民政府办公厅印发《安徽省农作物秸秆综合利用三年行动计划（2018—2020年）》《安徽省支持秸秆综合利用产业发展若干政策》《安徽省秸秆综合利用专项考核办法（试行）》（皖政办〔2018〕36号）等文件。

（一）背景

2018年4月17日，省政府召开秸秆综合利用和畜禽废弃物资源化利用工作专题会议，要求制定《安徽省农作物秸秆综合利用三年行动计划（2018—2020年）》（以下简称《行动计划》）《安徽省支持秸秆综合利用产业发展若干政策》（以下简称《支持政策》）《安徽省农作物秸秆综

合利用利用专项考核办法（试行）》（以下简称《考核办法》），做到“工作目标具体、支撑项目具体、支持政策具体、落实责任具体”。

（二）主要内容

《行动计划》提出2018—2020年主要抓好大力培育秸秆综合利用龙头企业等八项任务。根据八项任务，实施八项重点工程，进行具体部署和责任分工。

《支持政策》提出强化项目支持，加大资金投入，强化金融支持，强化用地保障，加强收储体系建设，强化原料化利用和装备制造，落实税收、电价、运输等优惠政策，强化科技人才支撑，扶持示范园区建设，完善技术标准体系。

《考核办法》明确考核对象为各市人民政府，考核周期为2018—2020年，逐年度考核。明确了考核主体责任、指标完成、产业博览会任务落实等方面内容。明确了自查、第三方评估、实地检查、综合评价等四种方式。明确经省政府审定后的考核结果，纳入省政府目标管理绩效考核范围。

六、《安徽省打赢蓝天保卫战三年行动计划实施方案》

2018年9月27日，安徽省人民政府印发关于《安徽省打赢蓝天保卫战三年行动计划实施方案》的通知。

（一）背景

我省是全国打赢蓝天保卫战的重点地区。加快改善全省环境空气质量，打赢蓝天保卫战，是深入贯彻习近平生态文明思想的重要体现，对于满足人民日益增长的美好生活需要、建设现代化五大发展美好安徽具有重要意义。为坚决打赢蓝天保卫战，根据国务院《关于印发打赢蓝天保卫战三年行动计划的通知》（国发〔2018〕22号）精神，结合我省实际，制定本实施方案。

（二）主要内容

1. 目标指标

大幅减少主要大气污染物排放总量，协同减少温室气体排放，进一步明显降低PM2.5浓度，明显减少重污染天数，明显改善环境空气质量，明显增强人民的蓝天幸福感。到 2020 年，二氧化硫、氮氧化物排放总量分别比 2015 年下降 16%；PM2.5 未达标设区市浓度比 2015 年下降 18%以上，设区市空气质量优良天数比率达到国家考核要求，重度及以上污染天数比率比 2015 年下降 25%以上，全面实现“十三五”约束性目标。

2. 调整优化产业结构，推进产业绿色发展

优化产业布局，加快区域产业调整，严控“两高”行业产能，加大落后产能淘汰和过剩产能压减力度，强化“散乱污”企业综合整治，深化工业污染治理，推进重点行业污染治理升级改造，推进各类园区循环化改造、规范发展和提质增效，大力培育绿色环保产业。

3. 加快调整能源结构，构建清洁低碳高效能源体系

继续实施煤炭消费总量控制。实施“煤改气”和“以电代煤”，开展燃煤锅炉综合整治，加大燃煤小锅炉淘汰力度，加大对纯凝机组和热电联产机组技术改造的力度，加快供热管网建设，充分释放和提高供热能力，淘汰管网覆盖范围内的燃煤锅炉和散煤。加强散煤治理，加快发展清洁能源和新能源。

4. 积极调整运输结构，发展绿色交通体系

优化调整货物运输结构。到 2020 年，铁路货运量比 2017 年增长 10%。大力发展多式联运。加快车船结构升级，推广使用新能源汽车，大力淘汰老旧车辆，推进船舶更新升级。加快油品质量升级。强化移动源污染防治。

5. 优化调整用地结构，推进面源污染治理

推进露天矿山综合整治。加强扬尘综合治理。加强秸秆综合利用和氨排放控制。控制农业面源氨排放。持续强化烟花爆竹禁放工作。

6. 实施重大专项行动，大幅降低污染物排放

开展秋冬季攻坚行动。打好柴油货车污染治理攻坚战。开展工业炉窑治理专项行动。实施 VOCS 专项整治行动。强化餐饮油烟和露天烧烤治理。

7. 强化区域联防联控，有效应对重污染天气

强化长三角区域大气污染联防联控工作。实施《长三角区域空气

质量改善深化治理方案（2017—2020 年）》，全面完成各项大气污染治理任务；加强重污染天气应急联动，强化环境空气质量预测预报中心能力建设；夯实应急减排措施。制定完善重污染天气应急预案，实施秋冬季重点行业错峰生产。

8. 完善政策法规体系，落实环境经济政策

加强基础能力建设，严格环境执法督察；落实和强化各方责任，发动全民广泛参与。

七、《打好城市黑臭水体治理标志性战役实施方案》

2018 年 11 月 9 日，安徽省人民政府办公厅印发《打好城市黑臭水体治理标志性战役实施方案》（以下简称《方案》）。

（一）出台背景

为贯彻落实《住房和城乡建设部、生态环境保护部关于印发城市黑臭水体治理攻坚战实施方案的通知》（建城〔2018〕104 号）和《中共安徽省委、安徽省人民政府关于坚决打好污染防治攻坚战的实施意见》，加快补齐城市环境基础设施短板，坚决打好城市黑臭水体治理攻坚战，切实提高人居环境质量，制定本实施方案。

（二）主要内容

1. 主要目标

2018—2020 年，在全省实施城市黑臭水体治理攻坚战，打好标志性战役，加快城市黑臭水体治理进程。2018 年底设区市建成区黑臭水体消除比例达到 80％，2019 年底消除比例达到 90％，到 2020 年，设区的市建成区基本消除黑臭水体，建立城市黑臭水体治理长效机制。组织开展县城建成区黑臭水体排查摸底工作，加快推进县城黑臭水体治理。确保 2017 年以来实现“初见成效”目标的水体水质不反弹。

2. 主要任务

《方案》从控源截污、内源治理、生态修复、补水活水、长效治理等方面系统推进城市黑臭水体治理，确保用 3 年左右的时间使全省城市黑臭水体治理明显见效，重现清水绿岸、鱼翔浅底的景象。

按照《方案》要求，我省将控源截污作为城市黑臭水体治理的基

础性工作和根本措施，查明河道两岸和水体周边所有排污口，对污水直排的排污口实施截污纳管，实现旱季污水不入河。为削减初期雨水污染，将全面推进建筑小区、企事业单位内部和市政排水管道雨污错接、混接改造。积极推进雨污分流改造，对于暂不具备雨污分流改造的地区，采取快速净化措施对合流制溢流污染及初期雨水污染进行处理，逐步降低雨季污染物入河（湖）量。

在河道治理方面，方案提出严禁清淤底泥沿岸随意堆放或作为水体治理工程回填土，防止二次污染。全面划定河湖蓝线，清理蓝线范围内积存的垃圾和非正规垃圾堆放点。做好河岸、水体保洁和水生植物、沿岸植物的季节性收割，及时清除季节性落叶、水面漂浮物，严厉查处向河湖倾倒垃圾、污水，弃置废弃秸秆的行为。同时，按照要求对河道湖泊绿线范围内的岸线进行排查、清理，重点治理河湖水域岸线乱建、乱占行为。对硬质驳岸的非行洪河道、渠道，有计划实施生态修复与改造。

在水体保持方面，方案提出构建以沉水植物为核心的生态型水体，恢复和增强河湖水系的自净功能，大力推广采用净化效果好的本地物种，努力提高水体的亲水效果和景观功能。同时，采用跌水、喷泉、射流及其他各类曝气形式，有效提升水体的溶解氧水平。

在修复方面，选择适宜的岸带修复技术对原有河岸（湖岸）进行改造，实施陆域绿线范围内园林绿化提升等。采取植草沟、生态护岸、透水砖等形式，对原有硬化河岸（湖岸）进行改造，通过恢复岸线和水体的自然净化功能，强化水体的污染治理效果。

《方案》提出，利用城市再生水、雨洪水、清洁地表水等作为城市水体的补充水源，增强水体流动性和环境容量。通过设置提升泵站、水系合理联通、水体微循环等方式，构建健康水循环体系。同时，加快推进全省县城以上和长江流域城镇生活污水处理厂提标改造，出水水质要达到一级A排放标准。推进建成区污水管网全覆盖，生活污水全收集、全处理。加强管网新建和提标改造，对于近期设施难以覆盖的地区，因地制宜建设分散污水处理设施，处理达标后排放。

《方案》还明确提出将城市黑臭水体治理纳入河（湖）长制，明确河（湖）长，落实管理责任单位，加强专业管护队伍建设。同时推行水环境治理市场化、社会化，形成主管部门定期考核、专业管护单位具体负责的水环境管理模式。

治理同时严格控污。方案要求严格执行排污许可、排水许可制度，严禁生活污水和工业废水直排水体。严防道路冲洗污水、洗车冲洗污水、餐饮泔水、施工排水等污水进入雨水口。对污水未经处理直接排入、污水处理不达标排放导致水体黑臭的相关企业和工业集聚区，要严格执法、严肃问责。

八、《巢湖综合治理攻坚战实施方案》

2018 年 12 月 12 日，安徽省省政府办公厅公布《巢湖综合治理攻坚战实施方案》。

（一）出台背景

巢湖流域面积 13486 平方千米，涵盖合肥、芜湖、六安、马鞍山、安庆等 5 市 16 个县市区，人口约 1075 万。经过长期不懈的努力，近年来巢湖及主要入湖河流水质持续改善，巢湖治理取得一定成效。但是，巢湖综合治理依然形势严峻，任重道远。为深入贯彻习近平生态文明思想、全国及安徽省生态环境保护大会精神，落实《中共安徽省委、安徽省人民政府关于坚决打好污染防治攻坚战的实施意见》，推动巢湖综合治理迈上新台阶，省政府办公厅正式印发了《巢湖综合治理攻坚战实施方案》以下简称《方案》。

（二）主要内容

巢湖综合治理攻坚战的主要目标是，到 2020 年，防洪减灾能力增强，确保合肥市中心城区防洪标准达到 100 年一遇；入河排污口整治完成率达到 100%；东、西半湖水质分别保持Ⅳ类和Ⅴ类；重污染河流基本消除劣Ⅴ类水体；河湖自我净化能力逐步增强等。

《方案》明确，坚持治湖先治河、治河先治污、治污先治源，按照追根溯源、诊断病因、找准病根、分类施策、系统治疗的思路，集中力量实施污染歼灭战、生态保卫战。

实施重污染河流治污大会战是重点任务之一。我省将深入分析南淝河、派河、十五里河、双桥河污染成因，实施“一河一策”治理；建立入河入湖固定污染源清单，推进入河排污口整治，全面规范排水管理，大力削减城市面源污染物负荷；加快污水收集管网建设，2020 年前全面完成城市建成区雨污混接整治；实施重污染河流集中整治，建立定期调度机制，加快推进治理项目规划设计和工程建设，实施生态补水、河道底泥生态清淤工程等。

《方案》还提出编制《巢湖综合治理绿色发展总体规划》、有序推进治理工程建设、集中治理工业集聚区水污染、深化农业面源污染管控等 20 项重点任务。如采取关停取缔、限期搬迁、停产整治等措施对各类开发区内违规排放和环境污染问题突出的企业进行分类整治；巢湖沿湖岸线 5 千米范围内畜禽规模养殖场养殖设施全部整改达标，整改后仍达不到环保要求的，依法依规关闭拆除；到 2020 年，基本建成环湖生态湿地和生态防护林，形成环湖生态绿廊等。

在巢湖综合治理中将分流域、分区域进行年度考核，并作为对领导班子和领导干部综合考核评价的重要依据。对未通过年度考核的，采取约谈、限批等措施。对不顾生态环境盲目决策，造成严重后果的领导干部，严肃问责、终身追责。

九、《关于加强长江（安徽）水生生物保护工作的实施意见》

2018 年 12 月 29 日，安徽省人民政府办公厅印发《关于加强长江（安徽）水生生物保护工作的实施意见》（皖政办〔2018〕60 号）（以下简称《实施意见》）。

（一）背景

2018 年 9 月，《国务院办公厅关于加强长江水生生物保护工作的意见》（国办发〔2018〕95 号）印发实施。为贯彻落实文件精神，加强长江（安徽）水生生物保护工作，省农业农村厅经过广泛深入开展调查研究和征求意见，起草了《实施意见》。

（二）主要内容

提出实施生态修复工程、优化完善生态调度、科学开展增殖放流、推进水产养殖绿色发展、实施珍稀濒危物种拯救行动、全面加强水生生物多样性保护、强化源头防控、加强保护地建设、提升保护地功能、完善生态补偿机制、加快推进重点水域禁捕、提升执法监管能力、强化重点水域执法、强化科技支撑、提升监测能力等15项任务。

提出加大保护投入、严格落实责任、强化督促检查、营造良好氛围等4项保障措施。重点提出：优先保护现有重要湿地；实施以长江江豚为代表的珍稀濒危水生生物抢救性保护行动，提高安庆市江豚自然保护区等级；明确保护重点，加强中华鲟、长江鲟、长江江豚、长吻鮠、刀鲚、“四大家鱼”等水生生物保护地的建设与管理。

十、《安徽省农业农村污染治理攻坚战实施方案》

2018年12月29日，安徽省人民政府办公厅发布《安徽省农业农村污染治理攻坚战实施方案》。

（一）背景

根据《生态环境部、农业农村部关于印发农业农村污染治理攻坚战行动计划的通知》（环土壤〔2018〕143号）要求，为坚决打好我省农业农村污染治理攻坚战，制定本实施方案。

（二）主要内容

1. 总体要求

到2020年，实现“一保两治三减四提升”。“一保”，即保护农村饮用水水源，农村饮水安全更有保障；“两治”，即治理农村生活垃圾和污水，实现村庄环境干净整洁有序；“三减”，即减少化肥、农药使用量和农业用水总量；“四提升”，即提升主要由农业面源污染造成的超标水体水质、农业废弃物综合利用率、环境监管能力和农村居民参与度。

2. 主要任务

加强农村饮用水水源保护。主要包括：加强农村饮用水水质监测，开展农村饮用水水源环境风险排查整治，加快推进农村生活垃圾污水治理。

加大农村生活垃圾治理力度。主要包括：统筹推进农村生活垃圾、农业生产废弃物、工业固体废物等垃圾治理；梯次推进农村生活污水治理；保障农村污染治理设施长效运行。

着力解决养殖业污染。主要包括：推进养殖生产清洁化和产业模式生态化；加强畜禽粪污资源化利用；严格畜禽规模养殖环境监管；加强水产养殖污染防治和水生生态保护。

有效防控种植业污染。主要包括：持续推进化肥、农药减量增效；加强秸秆、农膜废弃物资源化利用；大力推进种植产业模式生态化；实施耕地分类管理；开展涉镉等重金属重点行业企业排查整治。

提升农业农村环境监管能力。主要包括：严守生态保护红线；强化农业农村生态环境监管执法。

第二章 安徽生态文明建设评价研究

2017 年，安徽省先后印发了《安徽省生态文明建设目标评价考核实施办法》《安徽省绿色发展指标体系》和《安徽省生态文明建设考核目标体系》，这对推动安徽省绿色发展和生态文明建设具有重要意义。本章依据 2017 年安徽省印发的“一个办法、两个体系”，从资源利用、环境治理、环境质量、生态保护、增长质量、绿色生活等六个方面建立安徽生态文明评价体系，运用层次分析法测度 2013—2017 年安徽省生态文明发展水平及其变化，对 16 个地市的生态文明发展水平进行横向量化评价。在此基础之上，对安徽省生态文明建设提出政策建议。

第一节 模型的选择和指标体系的构建

一、模型选取

本章选择使用层次分析法对安徽省生态文明建设进行综合评价，从资源、环境、生态、生活等角度出发，构建生态文明建设评价指标体系。层次分析法的优点是可以对评价对象进行客观排序，实现对安徽省内各城市生态文明水平的客观评价，对生态文明发展水平进行横向、纵向分析。

层次分析法的基本思路是：

（1）对数据进行预处理，统一评价指标的属性，归一化消除量纲的影响，将矩阵的各元素转化为效益型指标。用 I_1、I_2 分别表示效益型、成本型指标，效益型矩阵转化方式为：

$$\boldsymbol{B}=(\boldsymbol{B}_{ij})_{n\times m},\ \boldsymbol{B}_{ij}=\begin{cases}(a_{ij}-\min\limits_{j}a_{ij})\ /\ (\max\limits_{j}a_{ij}-\min\limits_{j}a_{ij}) & a_{ij}\in I_1\\ (\max\limits_{j}a_{ij}-a_{ij})\ /\ (\max\limits_{j}a_{ij}-\min\limits_{j}a_{ij}) & a_{ij}\in I_2\end{cases} \tag{2-1}$$

（2）确定各指标值对应的权重 $w=[w_1, \cdots, w_n]$，其中 w_k（$k=1, 2, \cdots, n$）为第 k 个评价指标对应的权重，准则层的评价权重采用指标层各指标的权重之和。

（3）计算目标层的综合评价值，根据综合评价值的大小，对各评价对象进行排序。对于效益型指标，综合评价值越大，其评价结果越好；对于成本型指标，综合评价值越小，其评价结果越好。

二、指标体系的建立

依据“一个办法、两个体系”开展生态文明建设年度评价工作，是贯彻党的十九大精神和习近平新时代中国特色社会主义思想的重要举措，是落实党中央、国务院关于推进生态文明建设一系列决策部署的具体措施。年度评价按照《绿色发展指标体系》从资源利用、环境治理、环境质量、生态保护、增长质量、绿色生活六个方面，选取三十项指标，构建安徽省生态文明发展水平测度指标体系。

按照层次分析体系构建原则要求，将生态文明建设水平测度指标体系分为目标层、准则层、指标层三个层次。目标层即生态文明建设水平；准则层包括资源利用指标、环境治理指标、环境质量指标、生态保护指标、增长质量指标、绿色生活指标等六个指标；指标层即用来测度六个准则层指标综合值的具体化指标。具体解释如下：

资源利用指标表征资源利用从高消耗、低效率向节约集约循环利用的转变，包括单位 GDP 能耗、单位 GDP 用水量、单位工业增加值用水量、农业有效灌溉面积等指标。

环境治理指标重点反映主要污染物、危险废物、生活垃圾和污水的治理等情况，包括化学需氧量排放量、氮氧化物排放量、节能环保财政支出占比、生活垃圾无害化处理率、城市污水处理率等指标。

环境质量指标主要反映大气、水、土壤等的环境质量状况，包括空气质量达到及好于二级的天数比例、可吸入颗粒物 PM10 浓度、单位耕地面积化肥使用量、单位耕地面积农药使用量。

生态保护指标指对自然资源和自然环境的保护，包括森林覆盖率、森林蓄积量、自然保护区面积。

增长质量指标体现了绿色发展是经济增长与资源环境相协调的发展，包括人均 GDP、城镇居民人均可支配收入、研究与实验发展经费支出占 GDP 比重等指标。

绿色生活指标是用来测度各城市生态文明发展以及改善生活环境的重要象征，包括建成区绿地率、农村卫生厕所普及率、绿色出行、农村自来水普及率。

由此可构建安徽省生态文明建设水平测度指标体系（表 2-1）。

表 2-1 安徽省生态文明建设水平测度指标体系

A 目标层	B 准则层	P 指标层	指标性质
A 生态文明建设水平	B_1资源利用	P_{11}单位 GDP 能耗（吨标准煤/万元）	负指标
		P_{12}用水总量（亿立方米）	负指标
		P_{13}单位 GDP 用水量（立方米/万元）	负指标
		P_{14}单位工业增加值用水量（立方米/万元）	负指标
		P_{15}农业有效灌溉面积（千公顷）	正指标
		P_{16}耕地面积（千公顷）	正指标
		P_{17}一般工业固体废物综合利用率（%）	正指标
	B_2环境治理	P_{21}化学需氧量排放量（吨）	负指标
		P_{22}氨氮排放量（吨）	负指标
		P_{23}二氧化硫排放量（吨）	负指标
		P_{24}氮氧化物排放量（吨）	负指标
		P_{25}生活垃圾无害化处理率（%）	正指标
		P_{26}城市污水处理率（%）	正指标
		P_{27}节能环保财政支出占比（%）	正指标
	B_3环境质量	P_{31}空气质量达到及好于二级的天数比例（%）	正指标
		P_{32}可吸入颗粒物 PM10 浓度（微克/立方米）	负指标
		P_{33}单位耕地面积化肥使用量（吨/千公顷）	负指标
		P_{34}单位耕地面积农药使用量（吨/千公顷）	负指标

（续表）

A 目标层	B 准则层	P 指标层	指标性质
A 生态文明建设水平	B_4 生态保护	P_{41} 森林覆盖率（%）	正指标
		P_{42} 森林蓄积量（万立方米）	正指标
		P_{43} 自然保护区面积（万公顷）	正指标
	B_5 增长质量	P_{51} 人均 GDP（元/人）	正指标
		P_{52} 城镇居民人均可支配收入（元）	正指标
		P_{53} 农村居民人均可支配收入（元）	正指标
		P_{54} 第三产业增加值占 GDP 的比重（%）	正指标
		P_{55} 研究与实验发展经费支出占 GDP 比重（%）	正指标
	B_6 绿色生活	P_{61} 建成区绿地率（%）	正指标
		P_{62} 农村卫生厕所普及率（%）	正指标
		P_{63} 绿色出行（万人次）	正指标
		P_{64} 农村自来水普及率（%）	正指标

三、指标解释

（一）资源利用

随着经济的高速发展，能源被过度开采利用，且能源利用效率低，高效、合理利用资源是形成可持续经济的必要条件，也是建设生态文明的基础。因此，综合数据的可得性及安徽省生态文明建设的实际情况，选取单位 GDP 能耗、用水总量、单位 GDP 用水量、单位工业增加值用水量、农业有效灌溉面积、耕地面积、一般工业固体废物综合利用率 7 个指标来衡量比较安徽省各城市资源利用情况。具体解释如下：

（1）单位 GDP 能耗指一定时期内地区每生产一个单位的生产总值所消耗的能源，其计算公式为：单位 GDP 能耗＝能源消耗总量/地区 GDP。

（2）用水总量指地区各类用水户取用的包括输水损失在内的毛水量，属于统计指标。

（3）单位 GDP 用水量指一定时期内地区每生产一个单位的生产总值所消耗的水资源，其计算公式为：单位 GDP 用水量＝用水总量/地区 GDP。

（4）单位工业增加值用水量指地区每增加一个单位的工业增加值所消耗的水资源，其计算公式为：单位工业增加值＝工业用水量/工业增加值。

(5) 农业有效灌溉面积指具有一定的水源，地块比较平整，灌溉工程或设备已经配套，在一般年景下当年能够进行正常灌溉的耕地面积，属于统计指标。

(6) 耕地面积指经常进行耕种的土地面积，其计算公式为：耕地面积＝年初耕地面积＋当年增加的耕地面积－当年减少的耕地面积。

(7) 一般工业固体废物综合利用率指在一定时期内地区工业固体废物综合利用量占工业固定废物产生量的比例，属于统计指标。

(二) 环境治理

以往我国所走的先发展再治理的老路使得人们在追求经济的高速发展的同时造成了严重的环境污染，正确处理经济发展与环境的关系对经济的可持续发展有着举足轻重的作用。为了经济的可持续发展，环境治理选取化学需氧量排放量、氨氮排放量、二氧化硫排放量、氮氧化物排放量、生活垃圾无害化处理率、城市污水处理率、节能环保财政支出占比 7 个指标。具体解释如下：

(1) 化学需氧量排放量指以氧化 1 升废水水样中还原性物质所消耗的氧化剂的量的总和，属于统计指标。

(2) 氨氮排放量指排放的废水中以游离氨和铵离子形式存在的氮的总和，属于统计指标。

(3) 二氧化硫排放量指排放的废气中二氧化硫的含量，属于统计指标。

(4) 氮氧化物排放量指排放的废气中氮氧化物的含量，属于统计指标。

(5) 生活垃圾无害化处理率指在一定时期内生活垃圾无害化处理量与生活垃圾产生量的比值，其计算公式为：生活垃圾无害化处理率＝生活垃圾无害化处理量/生活垃圾产生量×100％。

(6) 城市污水处理率指经过处理的生活污水、工业废水量占污水排放总量的比重，其计算公式为：城市污水处理率＝污水处理量/污水排放总量×100％。

(7) 节能环保财政支出占比指地区节能环保财政支出占地区总财政支出的比例，其计算公式为：节能环保财政支出占比＝节能环保财政支出/总财政支出×100%。

（三）环境质量

我国近几年来越来越重视环境污染治理，所以为了准确地测度安徽省生态文明发展水平，不再走以往以环境恶化为代价而一味追求经济高速发展的错误的老路，需要将环境质量这一指标纳入生态文明发展测度的体系中来。环境质量包括大气环境质量、土壤环境质量、水资源环境质量等，因此，选取空气质量达到及好于二级的天数比例、可吸入颗粒物 PM10 浓度、单位耕地面积化肥使用量、单位耕地面积农药使用量 4 个指标。具体解释如下：

（1）空气质量达到及好于二级的天数比例指地区空气质量达到或好于二级标准的天数占全年天数的百分比，其计算公式为：空气质量达到及好于二级的天数比例＝空气质量达到及好于二级标准的天数/全年的天数×100%。

（2）可吸入颗粒物 PM10 浓度指每立方米空气中可吸入颗粒物的微克数，属于统计指标。

（3）单位耕地面积化肥使用量指一定时期化肥使用量与耕地面积的比值，其计算公式为：单位耕地面积化肥使用量＝化肥使用量/耕地面积。

（4）单位耕地面积农药使用量指一定时期农药使用量与耕地面积的比值，其计算公式为：单位耕地面积农药使用量＝农药使用量/耕地面积。

（四）生态保护

生态保护包括对生态资源的保护、建立自然保护区以及对各种自然资源开发的保护，所以选取森林覆盖率、森林蓄积量、自然保护区面积 3 个指标。具体解释如下：

（1）森林覆盖率指地区的森林面积占地区土地总面积的百分比，其计算公式为：森林覆盖率＝森林面积/土地总面积×100%。

（2）森林蓄积量指一定森林面积上存在着的林木材积部分的总量，属于统计指标。

（3）自然保护区面积指为了保护自然环境和自然资源，促进国民经济的持续发展，将一定面积的陆地和水体划分出来，并经各级人民政府批准而进行特殊保护和管理的区域面积，属于统计指标。

（五）增长质量

生态文明需要结合地区的经济发展和资源环境约束等因素进行建设，保持经济发展与资源环境相协调，形成绿色可持续化发展。增长质量结合安徽省经济、资源、环境等情况，选取人均GDP、城镇居民人均可支配收入、农村居民人均可支配收入、第三产业增加值占GDP的比重、研究与实验发展经费支出占GDP比重5个指标。具体解释如下：

（1）人均GDP指地区平均每人的生产总值的数量，其计算公式为：人均GDP＝地区GDP/年平均常住人口。

（2）城镇居民人均可支配收入指城镇居民家庭全部现金收入能用于安排家庭日常生活的那部分收入，用以衡量城镇居民收入水平和生活水平，属于统计指标。

（3）农村居民人均可支配收入指农村居民家庭全部现金收入能用于安排家庭日常生活的那部分收入，属于统计指标。

（4）第三产业增加值占GDP的比重指地区第三产业的增加值与地区GDP的比值，其计算公式为：第三产业增加值GDP的比重＝第三产业增加值/地区GDP×100％。

（5）研究与实验发展经费支出占GDP比重指财政支出中研究与实验经费支出占地区GDP的比重，其计算公式为：研究与实验发展经费支出占GDP比重＝财政支出中研究与实验经费支出/地区GDP×100％。

（六）绿色生活

推动生活方式绿色化是使生态文明建设融入政治、经济、文化、社会等的重要举措。随着城市化的不断发展、生活节奏的不断加快，人们日常生活中的一些不良生活方式和消费行为造成资源浪费严重、环境恶化加快，因此，必须倡导绿色低碳、文明健康的生活方式。绿色生活选取建成区绿地率、农村卫生厕所普及率、绿色出行、农村自来水普及率4个指标。具体解释如下：

（1）建成区绿地率指在城市建成区的各类绿地面积占建成区面积的比率，属于统计指标。

（2）农村卫生厕所普及率指地区使用卫生厕所的农户占农户总数的比例，其计算公式为：农村卫生厕所普及率＝地区使用卫生厕所的农户数/地区农户总数×100％。

（3）绿色出行指城镇每万人口公共交通客运量，属于统计指标。

（4）农村自来水普及率指农村饮用自来水人口数占农村人口总数的百分比，其计算公式为：农村自来水普及率＝农村饮用自来水人口/本地区农村人口总数×100％。

第二节　安徽生态文明发展水平测度

一、数据来源

根据安徽省生态文明建设水平测度指标体系，选取2013—2017年的指标数据对安徽省生态文明水平进行评价。数据主要来源于2014—2018年的《中国统计年鉴》《安徽统计年鉴》《安徽环境统计资料》等。2013—2017年安徽省生态文明数据见表2－2所列。

表2－2　2013—2017年安徽省生态文明数据

A目标层	B准则层	P指标层	2013年	2014年	2015年	2016年	2017年
A	B_1	P_{11}	0.68	0.64	0.60	0.53	0.5
		P_{12}	296	272.1	288.7	290.7	290.3
		P_{13}	153.9	130.5	131.2	120.5	107.4
		P_{14}	113.84	99.66	97.52	95.72	93.82
		P_{15}	4305.53	4331.7	4400.34	4437.46	4504.14
		P_{16}	4188.104	5876.41	5876.64	5873	5870.03
		P_{17}	83.99	84.44	88.48	82.62	92.96
	B_2	P_{21}	902683.8	885604.1	871056.1	496306.9	495600
		P_{22}	103327.7	100496.1	96750.8	56346.5	57600
		P_{23}	501349	492966	480073	281567	235400
		P_{24}	863669	807305	721009	507615	490000
		P_{25}	98.80	99.50	99.60	99.90	100
		P_{26}	96.20	96.20	96.70	97.40	93.9
		P_{27}	2.49	2.25	2.38	2.42	2.36
	B_3	P_{31}	86.6	87.7	77.9	74.3	66.7
		P_{32}	99	95	80	77	88
		P_{33}	808.01	580.95	576.34	556.80	542.96
		P_{34}	28.12	19.40	18.90	18.00	16.93

（续表）

A 目标层	B 准则层	P 指标层	2013 年	2014 年	2015 年	2016 年	2017 年
A	B_4	P_{41}	27.5	28.7	28.7	28.7	28.7
		P_{42}	18074.9	22186.6	22186.6	22186.6	22186.6
		P_{43}	41.28	40.97	41.35	41.74	42.2
	B_5	P_{51}	32001	34425	35997	39092	43401.4
		P_{52}	23114	24839	26936	29156	31640.3
		P_{53}	8850	9916	10821	11720	12758
		P_{54}	34.18	35.39	39.09	41.30	42.93
		P_{55}	1.83	1.89	1.96	1.97	2.12
	B_6	P_{61}	35.37	36.98	37.16	37.67	42.2
		P_{62}	62.6	65.2	67.1	68.9	73.8
		P_{63}	244676	247534	237468	224953	245374
		P_{64}	58.6	64.3	72.0	78.0	86.9

二、熵值法确定权重

指标权重的确定方法有多种，如德尔菲法、变异系数法等，考虑熵值法是基于原始数据通过一定手段得到指标权重的方法，这一方法有效避免了其他方法在指标权重确定过程中的主观因素的影响，所以本节使用熵值法来确定指标权重。根据信息论的基本原理，信息是度量系统的有序程度，而熵是度量系统的无序程度，系统的有序程度越高，信息熵越小，权重越大，反之亦然。因此，利用熵值法确定指标的权重，可以剔除主观因素对权重确定的影响，使得结果更具客观性。

各个指标的数据具有不同的量纲，为使各指标数据具有可比性，需要消除各指标数据的量纲，本节采用比重法进行数据标准化，且此法既适用于成本型数据也适用于效益型数据。设有 m 个评价对象，n 个评价指标，指标的原始数据为 X_{ij}（$i=1, 2, \cdots, m$；$j=1, 2, \cdots, n$），则第 i 个参评对象第 j 项指标标准化后的值为：

$$Z_{ij}=X_{ij}/\sum_{i=1}^{m}X_{ij}\ (i=1, 2, \cdots, m;\ j=1, 2, \cdots, n) \quad (2-2)$$

熵值法的步骤为：

首先计算评价指标的熵值：$S_j = -k\sum_{i=1}^{m} Z_{ij}\ln Z_{ij}$（$i=1$，2，…，$m$；$j=1$，2，…，$n$），其中 k 为调节系数，$k=1/\ln m$。

其次计算差异系数，第 j 项指标的差异系数：$H_j = 1 - S_j$（$j=1$，2，…，n）。

最后计算指标的权重，第 j 项指标的权重：$Q_j = H_j / \sum_{j=1}^{n} H_j$（$j=1$，2，…，$n$）。

将资源利用、环境治理、环境质量、生态保护、增长质量、绿色生活看作六个子体系，各指标在各子体系下的权重为指标层的权重；将参与评价的30项评价指标看作总体系，计算得到各指标在总体系下的权重，分别对准则层的资源利用、环境治理、环境质量、生态保护、增长质量、绿色生活六个方面进行权重求和，得到准则层的权重。根据熵值法利用EXCEL求得权重，结果见表2-3所列。

表2-3　2013—2017年安徽省生态文明指标权重

A目标层	B准则层	P指标层	权重
A生态文明发展水平	B_1资源利用 0.82%	P_{11}单位GDP能耗	25.54%
		P_{12}用水总量	1.59%
		P_{13}单位GDP用水量	27.6%
		P_{14}单位工业增加值用水量	9.7%
		P_{15}农业有效灌溉面积	0.53%
		P_{16}耕地面积	31.33%
		P_{17}一般工业固体废物综合利用率	3.72%
	B_2环境治理 12.07%	P_{21}化学需氧量排放量	25.44%
		P_{22}氨氮排放量	24.29%
		P_{23}二氧化硫排放量	31.39%
		P_{24}氮氧化物排放量	18.41%
		P_{25}生活垃圾无害化处理率	0.01%
		P_{26}城市污水处理率	0.01%
		P_{27}节能环保财政支出占比	0.40%

（续表）

A 目标层	B 准则层	P 指标层	权重
A 生态文明发展水平	B_3 环境质量 3.44%	P_{31} 空气质量达到及好于二级的天数比例	12.58%
		P_{32} 可吸入颗粒物 PM 10浓度	11.55%
		P_{33} 单位耕地面积化肥使用量	30.22%
		P_{34} 单位耕地面积农药使用量	45.64%
	B_4 生态保护 1.11%	P_{41} 森林覆盖率	4.37%
		P_{42} 森林蓄积量	94.04%
		P_{43} 自然保护区面积	0.16%
	B_5 增长质量 2.21%	P_{51} 人均 GDP	22.69%
		P_{52} 城镇居民人均可支配收入	25.02%
		P_{53} 农村居民人均可支配收入	32.08%
		P_{54} 第三产业增加值占 GDP 的比重	15.25%
		P_{55} 研究与实验发展经费支出占 GDP 比重	4.96%
	B_6 绿色生活 80.34%	P_{61} 建成区绿地率	13.19%
		P_{62} 农村卫生厕所普及率	11.35%
		P_{63} 绿色出行	5.22%
		P_{64} 农村自来水普及率	70.24%

三、安徽生态水平动态变化分析

根据表 2-2 中 2013—2017 年安徽省生态文明数据，基于上述熵值法计算求得的指标权重得到 2013—2017 年安徽省生态文明综合评价值（表 2-4），据此对安徽省生态文明水平进行纵向的动态分析。

表 2-4　2013—2017 年安徽省生态文明综合评价值

年份	资源利用	环境治理	环境质量	生态保护	增长质量	绿色出行	综合
2013	0.9461	0.3626	0.5708	0.9404	0.4965	0.052	0.6499
2014	0.9536	0.3708	0.5717	0.9404	0.5	0.052	0.7403
2015	0.9536	0.3885	0.5726	0.9404	0.5107	0.052	0.7714
2016	0.9541	0.3614	0.5724	0.9404	0.5098	0.052	0.9972
2017	0.9549	0.3816	0.5482	09404	0.5037	0.052	0.9977

表 2 - 4 反映出 2013—2017 年安徽省生态文明综合评价值呈现上升的趋势，从 2013 年的 0.6499 增长到 2017 年的 0.9977，年均增长 0.0695，说明安徽省生态文明水平在不断提高。

第三节　安徽城市生态文明发展水平测度

一、数据来源与指标权重

安徽地处华东地区，2011 年以来，安徽共 16 个城市，从北到南分别为淮北、亳州、宿州、蚌埠、阜阳、淮南、滁州、合肥、六安、马鞍山、芜湖、宣城、铜陵、池州、安庆、黄山。纵观安徽省全境，以自然区域为划分条件，大致可划分为皖北、皖中、皖南三大区域。皖北地区指淮河以北的区域，包括淮北、亳州、宿州、蚌埠、阜阳和淮南；皖中地区指淮河以南与长江以北的江淮地区，包括滁州、合肥、六安、安庆；皖南地区指长江以南地区，包括马鞍山、芜湖、宣城、铜陵、池州和黄山。

根据安徽省生态文明建设指标体系，选取 2013—2017 年安徽城市指标数据对生态文明进行评价。数据主要来源于 2014—2018 年的《安徽统计年鉴》《安徽环境统计资料》及各城市统计年鉴等。2013—2017 年安徽城市生态文明数据见表 2 - 5～表 2 -9 所列。

表 2 - 5　2013 年安徽城市生态文明数据

指标	淮北	亳州	宿州	蚌埠	阜阳	淮南	滁州	合肥
P_{11}	0.98	0.51	0.67	0.57	0.94	0.86	0.64	0.46
P_{12}	4.95	10.34	11.14	15.80	17.26	17.39	23.24	32.66
P_{13}	69.30	126.10	108.66	150.96	156.95	212.23	208.93	69.73
P_{14}	32.96	116.44	94.60	58.41	91.22	221.81	66.04	34.25
P_{15}	141.47	446.78	410.99	225.61	394.52	121.93	485.75	455.40

（续表）

指标	淮北	亳州	宿州	蚌埠	阜阳	淮南	滁州	合肥
P_{16}	133.99	498.27	480.14	296.71	574.28	113.15	407.55	336.03
P_{17}	92.52	99.84	60.33	99.05	99.97	88.82	96.77	93.16
P_{21}	29291.4	70249.7	106522.2	44200.9	11420.3	43725.0	68208.3	118767.0
P_{22}	3798.7	7634.5	10112.6	4835.7	13667.6	5202.7	9266.3	10260.1
P_{23}	46393	19627	35066	18483	26163	62350	21320	44198
P_{24}	52608	22102	66345	33333	48389	105754	40138	95719
P_{25}	100	100	98.71	100.00	94.59	98.13	98.98	100
P_{26}	97.68	96.91	99.10	99.95	90.55	98.18	96.43	98.09
P_{27}	1.33	1.07	1.85	2.90	1.17	2.18	1.86	4.04
P_{31}	89.6	89.3	91.2	82.2	88.8	79.2	84.4	78.9
P_{32}	97	96	104	111	90	115	102	115
P_{33}	736.98	607.45	713.13	1028.70	697.30	1245.42	842.08	938.85
P_{34}	19.34	15.75	48.22	22.08	13.38	54.20	14.13	17.35
P_{41}	19.11	18.54	28.41	18.53	17.97	19.51	15.01	14.30
P_{42}	226.68	882.67	1276.56	740.09	872.48	261.06	1158.69	605.64
P_{43}	0	0	2.09	1.63	2.56	0	2.46	0
P_{51}	32996	16071	18768	31482	13839	34897	27474	61555
P_{52}	22460	22605	21713	22739	20933	22920	22591	28083
P_{53}	8240	7456	7571	8741	6763	8869	9183	10352
P_{54}	24.29	33.66	32.89	30.56	32.13	29.87	27.18	39.32
P_{55}	1.39	0.34	0.32	1.94	0.46	1.83	1.65	3.09
P_{61}	43.39	30.16	32.66	34.04	29.00	36.77	35.75	35.79
P_{62}	67.60	41.58	53.95	67.78	30.47	80.25	67.02	86.24
P_{63}	10008	2298	7174	23750	20658	14961	12502	72907
P_{64}	71.09	37.10	56.41	34.66	39.62	56.72	67.04	58.68

（续表）

指标	六安	马鞍山	芜湖	宣城	铜陵	池州	安庆	黄山
P_{11}	0.69	1.51	0.56	0.78	0.86	1.05	0.61	0.43
P_{12}	31.81	31.50	30.14	15.00	10.89	10.50	29.06	4.34
P_{13}	311.84	248.05	143.45	176.78	160.01	222.01	204.91	92.16
P_{14}	90.72	360.42	135.08	79.29	204.35	300.03	135.86	69.12
P_{15}	584.94	147.85	196.59	200.72	23.90	95.00	324.11	49.97
P_{16}	436.11	124.44	175.37	155.61	23.54	83.28	303.24	46.40
P_{17}	73.73	70.21	96.66	83.97	83.12	80.21	96.87	74.76
P_{21}	72899.0	28225.2	48410.2	44437.2	14812.6	19895.1	65349.6	16270.0
P_{22}	9189.4	3734.1	6499.1	4555.2	1550.9	2333.5	8546.9	2140.5
P_{23}	18625	66643	40075	22512	37055	17223	18602	7012
P_{24}	28127	99738	81460	45865	46825	33335	54275	9654
P_{25}	100	97.47	96.20	100	100	99.93	98.46	100
P_{26}	91.14	97.36	93.99	90.77	85.51	91.38	96.44	91.36
P_{27}	1.79	1.64	3.56	2.35	5.07	1.96	1.66	6.16
P_{31}	93.2	71.8	86.0	87.9	88.8	96.2	77.8	99.5
P_{32}	77	135	98	96	99	78	113	58
P_{33}	849.48	695.84	940.73	916.40	1042.73	753.01	804.21	844.83
P_{34}	34.64	29.89	24.53	27.30	33.43	68.33	49.33	73.57
P_{41}	38.52	15.90	17.94	57.57	34.67	58.60	38.00	81.04
P_{42}	2925.70	278.86	365.28	2799.80	137.98	2632.27	2660.00	4171.91
P_{43}	5.17	1.07	0	3.14	3.15	5.45	11.87	2.70
P_{51}	17828	58733	58532	32928	92599	32541	26596	34725
P_{52}	21275	34048	26264	22731	27154	23482	22683	23356
P_{53}	7431	12340	10962	10247	11187	9080	7748	10389
P_{54}	31.62	29.86	27.73	33.00	25.66	35.79	31.76	42.26

（续表）

指标	六安	马鞍山	芜湖	宣城	铜陵	池州	安庆	黄山
P_{55}	0.58	2.29	2.54	1.15	2.80	0.70	0.59	0.83
P_{61}	34.25	41.09	36.40	35.78	43.28	32.33	39.63	38.72
P_{62}	70.51	50.43	100.41	77.34	83.84	58.42	68.75	81.69
P_{63}	9843	11148	22832	7864	7049	3843	13870	3970
P_{64}	50.64	22.09	98.02	74.27	92.29	66.62	96.50	93.51

表2-6　2014年安徽城市生态文明数据

指标	淮北	亳州	宿州	蚌埠	阜阳	淮南	滁州	合肥
P_{11}	0.90	0.49	0.63	0.53	0.90	0.83	0.60	0.42
P_{12}	4.84	9.74	10.36	12.84	15.92	15.46	21.29	26.66
P_{13}	63.71	110.23	90.83	111.54	133.90	195.86	175.31	51.46
P_{14}	33.16	81.58	79.21	44.98	66.66	231.76	53.50	27.62
P_{15}	142.13	449.24	416.16	232.31	401.92	122.08	486.69	456.77
P_{16}	168.18	599.15	571.42	377.36	650.06	144.44	715.80	560.85
P_{17}	92.77	99.45	65.71	94.87	99.79	89.17	96.56	92.91
P_{21}	28850.3	68871.6	105181.2	43622.3	109673.8	42683.3	68180.1	115627.9
P_{22}	3613.5	7452.6	9859.2	4761.7	13017.0	5155.8	9109.9	10166.2
P_{23}	47630	19007	32209	18285	25830	61055	23587	45159
P_{24}	44449	24373	55776	33754	48456	88435	44016	89265
P_{25}	100	100	100	100	98.90	98.50	99.96	100
P_{26}	97.87	96.93	99.47	99.30	90.61	98.18	96.96	98.22
P_{27}	1.45	1.47	2.38	1.94	1.58	2.08	1.97	2.67
P_{31}	87.40	89.32	90.68	77.81	90.41	83.56	87.12	77.53
P_{32}	102	96	93	115	87	107	97	113
P_{33}	598.92	517.78	605.19	798.51	623.34	1048.65	490.16	564.71

（续表）

指标	淮北	亳州	宿州	蚌埠	阜阳	淮南	滁州	合肥
P_{34}	17.38	13.41	41.65	16.71	12.70	41.77	8.18	9.86
P_{41}	18.31	16.62	25.68	16.99	18.27	9.39	14.27	11.13
P_{42}	275.95	908.30	1266.15	697.46	1078.16	229.39	1091.94	1002.75
P_{43}	0	0	2.09	1.63	2.56	0	2.46	0
P_{51}	35324	17769	20895	35542	15303	33361	30562	67689
P_{52}	23787	21192	21941	24147	21715	26267	22091	29348
P_{53}	9116	8967	8332	10511	8213	10547	9171	14407
P_{54}	28.95	38.53	35.29	32.61	34.26	35.67	28.75	39.88
P_{55}	1.20	0.39	0.33	2.03	0.51	2.03	1.68	3.09
P_{61}	43.15	28.98	39.77	34.09	29.57	36.77	37.15	40.30
P_{62}	69.90	42.14	56.94	71.30	31.33	80.25	71.54	87.90
P_{63}	9656	3617	7612	24513	21442	15650	12274	74663
P_{64}	79.21	53.82	61.27	41.50	49.76	62.05	67.29	67.07

指标	六安	马鞍山	芜湖	宣城	铜陵	池州	安庆	黄山
P_{11}	0.57	1.25	0.52	0.68	0.80	1.00	0.57	0.41
P_{12}	30.80	29.82	30.28	13.74	10.83	9.84	25.66	4.01
P_{13}	281.07	223.69	131.11	149.73	151.19	190.27	166.16	79.07
P_{14}	76.00	342.34	121.21	57.98	195.46	249.41	124.02	53.33
P_{15}	585.75	147.85	196.58	200.72	23.90	95.00	324.86	49.74
P_{16}	716.71	175.16	268.01	248.32	25.85	138.42	447.83	68.86
P_{17}	73.49	71.06	93.32	85.18	83.16	74.97	96.54	74.77
P_{21}	71565.6	27649.8	48005.1	41829.9	14742.5	19592.6	63258.0	16270.0
P_{22}	8988.7	3510.1	6314.5	4309.4	1520.2	2228.1	8349.7	2139.6
P_{23}	18841	60970	40747	22148	31602	21221	17505	7170

（续表）

指标	六安	马鞍山	芜湖	宣城	铜陵	池州	安庆	黄山
P_{24}	30217	99184	77643	44823	40579	23756	53399	9180
P_{25}	151.63	98.14	98.01	100	100	100	99.13	100
P_{26}	91.20	99.08	91.61	94.83	90.04	92.31	90.42	94.11
P_{27}	3.04	1.91	1.36	2.26	5.23	2.04	2.04	7.39
P_{31}	85.21	85.75	87.40	91.51	81.64	99.18	90.68	99.18
P_{32}	105	108	96	91	106	59	90	52
P_{33}	494.49	481.27	683.92	526.01	956.09	440.93	568.72	559.19
P_{34}	20.92	21.31	10.14	15.75	27.74	40.35	27.21	49.30
P_{41}	38.28	15.39	17.06	57.79	31.93	59.61	37.38	82.32
P_{42}	3229.06	276.64	438.07	2936.15	142.20	2814.50	2842.54	4718.16
P_{43}	5.17	1.07	0	3.14	3.15	5.14	11.87	2.7
P_{51}	19211	60091	64039	35726	97193	36267	28809	37306
P_{52}	20610	32560	27384	26289	29234	22295	22109	24194
P_{53}	8287	14969	14606	11251	16405	10629	9024	10942
P_{54}	32.89	31.88	30.98	35.75	26.98	39.60	33.49	46.67
P_{55}	0.62	2.47	2.65	1.25	2.90	0.75	0.61	0.88
P_{61}	34.97	41.09	35.64	36.43	44.02	33.51	40.94	39.28
P_{62}	70.87	73.02	100.00	78.78	83.84	62.59	73.12	82.50
P_{63}	10200	10747	22021	8182	7340	4078	12429	3110
P_{64}	52.89	89.42	99.20	74.46	92.29	67.23	79.98	93.17

表 2-7 2015 年安徽城市生态文明数据

指标	淮北	亳州	宿州	蚌埠	阜阳	淮南	滁州	合肥
P_{11}	0.84	0.46	0.59	0.49	0.79	0.73	0.56	0.40
P_{12}	4.59	10.42	9.99	14.78	17.17	15.52	22.55	30.45

（续表）

指标	淮北	亳州	宿州	蚌埠	阜阳	淮南	滁州	合肥
P_{13}	60.30	110.54	80.84	117.94	135.49	172.24	172.70	53.80
P_{14}	33.51	78.81	71.10	42.88	59.03	231.11	51.27	25.19
P_{15}	142.87	459.54	421.99	237.15	425.08	283.18	490.05	458.40
P_{16}	168.08	598.98	572.11	377.17	649.21	341.12	716.25	560.46
P_{17}	92.70	97.50	68.92	96.36	99.26	86.14	96.36	91.53
P_{21}	28029.0	68142.2	104286.0	43303.0	107329.2	41992.4	66700.0	113980.2
P_{22}	3586.8	7033.5	9704.3	4787.6	12436.5	4943.2	8878.0	9222.5
P_{23}	48332	19476	32632	17953	27115	62461	21889	44909
P_{24}	43298	23123	51670	31696	47963	58274	41258	76172
P_{25}	100	99.89	100	100	98.84	95.33	99.96	99.99
P_{26}	97.93	98.12	99.16	99.50	90.61	96.69	97.51	98.97
P_{27}	1.79	1.44	2.04	1.75	1.49	2.30	2.12	2.57
P_{31}	67.1	74.3	72.0	70.2	78.8	79.5	72.1	68.0
P_{32}	90	87	85	90	72	85	87	92
P_{33}	638.70	516.24	583.12	821.86	591.24	871.98	498.49	529.67
P_{34}	19.73	13.06	42.12	16.70	11.84	37.25	8.32	9.10
P_{41}	18.99	17.28	26.05	17.60	18.58	8.68	14.90	12.40
P_{42}	281.32	913.49	1278.78	706.64	1057.65	388.21	1095.41	1018.49
P_{43}	0	0	2.09	1.63	2.56	0	2.46	0
P_{51}	35057	18771	22415	38267	16121	26398	32634	73102
P_{52}	25690	23120	23630	26369	23496	28106	24168	31989
P_{53}	9882	9738	9140	11552	9001	10139	10070	15733
P_{54}	34.13	40.04	40.36	36.99	36.67	39.53	32.71	42.75
P_{55}	1.27	0.44	0.38	2.18	0.58	1.60	1.69	3.09
P_{61}	43.56	31.07	40.15	34.19	29.58	36.93	38.41	38.25

（续表）

指标	淮北	亳州	宿州	蚌埠	阜阳	淮南	滁州	合肥
P_{62}	80.54	51.20	58.35	77.13	32.26	79.12	73.34	87.67
P_{63}	9802	4205	7938	23311	19891	14026	13634	69959
P_{64}	87.55	80.48	67.00	61.25	58.27	68.45	74.00	76.32
指标	六安	马鞍山	芜湖	宣城	铜陵	池州	安庆	黄山
P_{11}	0.56	1.16	0.48	0.60	0.75	0.92	0.54	0.37
P_{12}	30.93	34.25	28.29	15.18	11.84	9.81	28.02	4.87
P_{13}	304.28	250.86	115.13	156.26	129.88	180.09	197.68	91.73
P_{14}	87.12	408.88	102.22	56.38	188.34	208.79	131.30	50.41
P_{15}	428.57	147.85	196.58	200.66	81.69	105.68	269.83	51.23
P_{16}	521.36	175.04	267.93	248.41	94.03	138.27	379.44	68.80
P_{17}	75.84	86.51	86.44	90.46	90.58	93.97	96.80	74.80
P_{21}	70625.0	27888.0	48044.0	40237.0	14489.0	19219.9	60815.7	15975.5
P_{22}	8724.4	3487.1	6151.7	4028.3	1446.9	2155.9	8053.8	2110.3
P_{23}	20196	50730	40744	22355	28023	18898	17048	7311
P_{24}	28124	83005	79983	41189	37766	23618	45273	8598
P_{25}	100	100	100	100	100	100	99.12	100
P_{26}	98.29	96.04	91.63	94.01	92.00	93.26	94.07	94.29
P_{27}	2.62	2.82	2.52	2.07	7.33	4.69	1.95	6.38
P_{31}	80.2	75.1	77.3	80.1	77.8	94.5	84.0	94.7
P_{32}	89	87	81	75	88	55	72	46
P_{33}	401.20	459.72	689.91	532.88	665.25	434.09	589.27	560.52
P_{34}	11.27	20.90	10.58	16.12	21.84	39.98	28.45	48.13
P_{41}	44.56	16.20	17.69	57.98	25.55	59.98	40.34	82.57
P_{42}	3318.5	671.55	439.87	2973.94	261.66	2844.18	2823.21	4764.8
P_{43}	5.17	1.07	0	3.51	3.15	5.17	11.87	2.70

（续表）

指标	六安	马鞍山	芜湖	宣城	铜陵	池州	安庆	黄山
P_{51}	21524	60802	67592	37610	57387	38014	31101	38794
P_{52}	22238	35262	29766	28602	31748	24279	23966	26226
P_{53}	9197	16331	15964	12309	11169	11511	9985	11872
P_{54}	36.17	37.52	37.92	38.79	33.07	40.91	38.50	49.73
P_{55}	0.83	2.63	2.80	1.31	2.32	0.82	0.76	0.94
P_{61}	37.55	41.29	35.65	36.70	43.56	33.53	42.21	39.19
P_{62}	70.15	76.60	98.55	80.15	85.62	70.55	74.50	83.83
P_{63}	9989	10111	21489	7720	8079	3794	10565	2955
P_{64}	57.14	89.49	99.60	68.86	92.29	73.52	82.15	93.87

表 2-8　2016 年安徽城市生态文明数据

指标	淮北	亳州	宿州	蚌埠	阜阳	淮南	滁州	合肥
P_{11}	0.74	0.36	0.50	0.41	0.69	0.77	0.49	0.35
P_{12}	4.49	10.66	10.17	15.16	17.29	22.56	22.94	31.50
P_{13}	56.19	101.90	75.23	109.39	123.34	234.06	161.23	50.20
P_{14}	33.33	80.82	64.28	35.20	55.29	228.83	47.74	24.58
P_{15}	143.23	464.69	428.43	242.84	432.00	283.33	491.15	458.50
P_{16}	167.66	598.94	572.96	377.46	648.45	340.62	715.88	558.83
P_{17}	95.98	97.15	87.52	98.42	85.15	76.79	77.31	73.65
P_{21}	17838.7	26636.0	39157.0	18870.9	58372.6	46574.9	30487.7	73871.2
P_{22}	2596.7	2544.6	4267.4	1854.5	6430.2	4563.4	4343.3	6603.5
P_{23}	31182	15170	31580	10258	25381	36826	12773	11180
P_{24}	32955	22178	41392	21140	39977	31193	41305	42492
P_{25}	100	100	100	100	99.13	100	100	100
P_{26}	97.97	94.09	98.05	99.51	94.20	97.47	96.26	99.38
P_{27}	4.66	3.93	2.63	2.04	2.07	2.34	2.03	2.60
P_{31}	66.1	70.8	62.6	67.8	66.4	74.9	65.8	69.1

（续表）

指标	淮北	亳州	宿州	蚌埠	阜阳	淮南	滁州	合肥
P_{32}	87	83	86	90	88	85	77	83
P_{33}	632.67	495.45	581.21	813.52	569.68	853.63	496.88	498.49
P_{34}	19.43	12.60	41.97	16.06	11.02	36.03	7.97	8.45
P_{41}	19.18	17.78	25.56	16.74	18.63	9.56	16.77	14.03
P_{42}	282.80	886.44	1308.55	626.48	1023.18	365.40	1123.02	1113.20
P_{43}	0	0	2.09	1.63	2.56	0	2.46	0
P_{51}	36427	20611	24270	41855	17642	27990	35302	80138
P_{52}	27248	25053	25533	28653	25483	28098	26286	34852
P_{53}	10653	10576	9917	12591	9776	10848	10956	17059
P_{54}	35.95	41.58	42.82	41.61	38.65	40.55	34.44	44.99
P_{55}	1.25	0.47	0.45	2.11	0.64	1.34	1.76	3.10
P_{61}	43.76	31.08	38.52	34.98	33.63	38.14	38.18	38.44
P_{62}	81.12	56.57	63.99	80.58	34.39	41.08	78.12	89.51
P_{63}	7328	4055	8183	23113	17441	12978	13481	64942
P_{64}	70.80	88.10	67.79	73.32	71.60	67.00	77.40	81.00

指标	六安	马鞍山	芜湖	宣城	铜陵	池州	安庆	黄山
P_{11}	0.49	1.29	0.45	0.57	0.76	0.82	0.51	0.33
P_{12}	23.52	33.26	30.29	14.48	14.20	10.36	25.11	4.66
P_{13}	212.25	222.66	112.21	136.89	148.34	175.89	163.99	80.79
P_{14}	77.34	376.53	120.13	54.01	180.17	234.76	117.64	48.04
P_{15}	429.51	147.85	196.58	200.66	82.63	106.79	274.62	54.65
P_{16}	520.35	174.96	268.19	248.47	94.05	138.42	379.07	68.69
P_{17}	40.07	91.02	91.62	77.15	92.37	88.34	97.33	79.50
P_{21}	33990.4	22740.0	29136.7	23770.3	16439.9	13830.5	32844.8	11745.3
P_{22}	4040.2	2680.7	4248.6	2766.3	1762.0	1708.0	4498.3	1438.7
P_{23}	7567	20591	34055	9280	12452	6220	9791	7261

（续表）

指标	六安	马鞍山	芜湖	宣城	铜陵	池州	安庆	黄山
P_{24}	23678	53747	62490	21178	28143	13518	24043	8189
P_{25}	100	100	100	100	100	100	100	100
P_{26}	98.42	99.64	93.56	94.34	93.10	93.90	95.85	94.54
P_{27}	2.52	2.55	1.81	2.67	3.16	5.08	2.07	4.68
P_{31}	81.4	74.3	80.3	81.6	77.3	79.3	73.4	97.3
P_{32}	73	75	75	68	78	66	71	45
P_{33}	367.27	450.83	669.92	510.61	594.59	432.76	537.10	535.65
P_{34}	10.65	20.36	9.52	15.16	19.93	39.10	24.10	44.96
P_{41}	45.67	18.63	21.20	59.12	25.95	61.64	40.90	83.25
P_{42}	3120.85	290.82	472.52	2925.08	353.22	2690.83	2584.04	4587.12
P_{43}	5.17	1.07	0	3.51	3.15	5.17	12.23	2.70
P_{51}	23298	65833	73715	40740	59960	40919	33294	41905
P_{52}	24728	38142	32315	30877	30633	26261	26502	28393
P_{53}	9960	17719	17307	13379	12054	12409	10814	12869
P_{54}	38.64	38.99	39.50	40.47	35.38	44.15	39.96	51.35
P_{55}	0.72	2.61	2.74	1.51	2.43	0.88	0.79	0.99
P_{61}	37.61	41.45	35.95	36.72	42.12	34.46	42.25	38.67
P_{62}	87.38	77.86	97.95	80.64	78.47	71.69	73.89	82.41
P_{63}	9854	9458	20131	7554	7858	3857	9862	2701
P_{64}	66.51	99.40	95.30	88.00	82.00	85.00	84.09	89.34

表 2－9　2017 年安徽城市生态文明数据

指标	淮北	亳州	宿州	蚌埠	阜阳	淮南	滁州	合肥
P_{11}	0.70	0.38	0.47	0.38	0.65	0.69	0.45	0.32
P_{12}	4.42	10.54	9.90	14.65	17.46	22.87	23.04	31.19

（续表）

指标	淮北	亳州	宿州	蚌埠	阜阳	淮南	滁州	合肥
P_{13}	47.83	91.67	67.51	94.48	111.13	215.72	143.61	44.54
P_{14}	87.80	275.82	202.12	251.77	316.82	481.68	322.01	105.65
P_{15}	143.60	486.74	433.90	247.63	448.68	283.33	491.24	459.51
P_{16}	167.64	598.77	574.69	377.46	647.30	340.40	715.18	557.76
P_{17}	92.96	97.39	95.83	95.64	95.35	84.41	92.21	84.26
P_{21}	1225.23	1207.24	1579.58	1983.15	2527.37	1534.55	3408.99	1583.41
P_{22}	115.35	64.69	120.02	144.88	408.56	215.42	612.68	161.25
P_{23}	11867.8	15946	12623.1	3632.9	19770.5	29315.6	6495.96	9379
P_{24}	11056.5	3776.57	9662.49	5244.77	6350.86	15019.8	16223.8	20098.8
P_{25}	100	100	100	100	99.13	100	100	100
P_{26}	97.97	94.09	98.05	99.51	94.20	97.47	96.26	99.38
P_{27}	3.59	3.79	4.21	1.64	4.90	4.47	2.13	7.66
P_{31}	52.10	56.00	50.40	61.60	62.20	57.30	62.20	61.40
P_{32}	101	103	97	98	106	107	82	80
P_{33}	634.72	491.69	551.08	806.30	551.90	833.86	493.39	462.11
P_{34}	15.56	12.45	37.70	15.87	10.46	35.36	7.77	7.95
P_{41}	25.70	17.78	30.90	16.74	18.63	15.34	18.00	27.40
P_{42}	356.00	886.44	1838.00	626.48	1023.18	442.40	1785.02	1113.20
P_{43}	0	0	2.09	1.63	2.56	0	2.46	0
P_{51}	41660	22385	26056	46233	19536	30540	39517	91113
P_{52}	29292	25053	27703	28653	27713	30404	26286	37972
P_{53}	11505	10576	10859	13769	10748	11840	10956	18594
P_{54}	36.45	43.51	45.67	42.82	39.25	41.25	35.01	45.70
P_{55}	1.00	1.00	1.00	2.00	1.00	1.00	2.00	3.00

（续表）

指标	淮北	亳州	宿州	蚌埠	阜阳	淮南	滁州	合肥
P_{61}	43.17	28.88	37.56	36.09	32.29	41.94	38.20	39.67
P_{62}	72.37	98.63	81.24	76.07	98.34	72.70	81.15	80.05
P_{63}	6308	4045	7000	21579	12146	12607	12612	67800
P_{64}	70.8	88.10	67.79	73.32	71.60	67.00	77.40	81.00
指标	六安	马鞍山	芜湖	宣城	铜陵	池州	安庆	黄山
P_{11}	0.45	1.20	0.41	0.53	0.71	0.78	0.53	0.31
P_{12}	23.53	33.38	30.36	14.48	14.36	10.3	25.38	4.44
P_{13}	201.45	195.19	102.45	122.14	127.97	164.97	148.52	72.63
P_{14}	522.77	376.53	223.45	54.01	212.74	418.70	117.64	89.35
P_{15}	430.48	149.85	196.58	201.99	83.88	110.74	275.65	60.34
P_{16}	519.62	174.54	268.02	248.29	94.26	138.50	378.71	68.47
P_{17}	98.30	92.56	79.94	91.98	91.81	95.74	94.61	93.42
P_{21}	651.50	4149.83	2092.2	1782.24	1667.1	484.61	2565.2	1093.30
P_{22}	72.31	184.15	161.22	152.83	171.75	32.29	227.34	113.28
P_{23}	2608.01	17221.8	21424	10992.5	11468	7414.23	6541	2888.42
P_{24}	4201.41	37559.7	39314.9	12875.5	29013	11102	12380	580.96
P_{25}	100	100	100	100	100	95.20	100	100
P_{26}	98.42	99.64	93.56	94.34	93.10	94.10	95.85	94.54
P_{27}	5.98	3.63	6.70	2.72	7.65	12.73	2.20	20.76
P_{31}	80.50	65.20	68.40	78.63	71.20	68.40	73.40	98.10
P_{32}	80	83	82	76	88	89	79	51
P_{33}	350.29	449.48	666.37	495.34	589.03	430.79	527.10	525.88
P_{34}	9.96	20.26	8.82	14.24	18.41	35.87	22.65	43.42
P_{41}	45.00	18.63	21.20	59.30	25.95	59.80	40.90	82.90
P_{42}	3373.90	290.82	472.52	2925.08	353.22	2927.83	2584.0	4490.00
P_{43}	5.17	1.07	0	3.51	3.15	6.14	12.23	2.70
P_{51}	24405	74709	80458	45467	69935	45238	36928	44251

（续表）

指标	六安	马鞍山	芜湖	宣城	铜陵	池州	安庆	黄山
P_{52}	24728	41403	32315	30877	30633	26261	26502	28393
P_{53}	9960	19358	17307	13379	12054	12409	10814	12869
P_{54}	41.47	38.80	40.84	41.00	34.00	45.51	40.17	54.34
P_{55}	1.00	3.00	1.00	2.00	2.00	1.00	1.00	1.00
P_{61}	37.71	41.50	37.19	36.74	42.39	35.32	42.26	38.84
P_{62}	81.59	99.60	95.30	87.65	85.20	93.00	81.50	80.85
P_{63}	9815	8560	18998	7274	8308	2797	8955	2549
P_{64}	66.51	99.40	95.30	88.00	82.00	85.00	84.09	89.34

根据第二节中熵值法的理论，运用EXCEL重新计算指标权重，得到30项评价指标与资源利用、环境治理、环境质量、生态保护、增长质量、绿色生活六个准则层指标权重，结果见表2-10～表2-14所列。

表2-10 2013年安徽城市生态文明指标权重

A目标层	B准则层	P指标层	权重
A生态文明发展水平	B_1资源利用 24.54%	P_{11}单位GDP能耗	6.00%
		P_{12}用水总量	14.84%
		P_{13}单位GDP用水量	8.07%
		P_{14}单位工业增加值用水量	23.10%
		P_{15}农业有效灌溉面积	22.47%
		P_{16}耕地面积	24.51%
		P_{17}一般工业固体废物综合利用率	1.01%
	B_2环境治理 19.01%	P_{21}化学需氧量排放量	25.37%
		P_{22}氨氮排放量	19.42%
		P_{23}二氧化硫排放量	18.26%
		P_{24}氮氧化物排放量	18.20%
		P_{25}生活垃圾无害化处理率	0.02%
		P_{26}城市污水处理率	0.12%
		P_{27}节能环保财政支出占比	18.62%

（续表）

A 目标层	B 准则层	P 指标层	权重
A 生态文明发展水平	B_3环境质量 4.58%	P_{31}空气质量达到及好于二级的天数比例	1.88%
		P_{32}可吸入颗粒物 PM10 浓度	9.21%
		P_{33}单位耕地面积化肥使用量	9.32%
		P_{34}单位耕地面积农药使用量	79.60%
	B_4生态保护 29.53%	P_{41}森林覆盖率	14.44%
		P_{42}森林蓄积量	32.64%
		P_{43}自然保护区面积	52.92%
	B_5增长质量 9.75%	P_{51}人均 GDP	35.92%
		P_{52}城镇居民人均可支配收入	2.24%
		P_{53}农村居民人均可支配收入	3.82%
		P_{54}第三产业增加值占 GDP 的比重	2.67%
		P_{55}研究与实验发展经费支出占 GDP 比重	55.35%
	B_6绿色生活 12.60%	P_{61}建成区绿地率	1.32%
		P_{62}农村卫生厕所普及率	7.11%
		P_{63}绿色出行	77.63%
		P_{64}农村自来水普及率	13.94%

表 2－11　2014 年安徽城市生态文明指标权重

A 目标层	B 准则层	P 指标层	权重
A 生态文明发展水平	B_1资源利用 25.28%	P_{11}单位 GDP 能耗	5.13%
		P_{12}用水总量	14.26%
		P_{13}单位 GDP 用水量	8.67%
		P_{14}单位工业增加值用水量	26.63%
		P_{15}农业有效灌溉面积	21.70%
		P_{16}耕地面积	22.79%
		P_{17}一般工业固体废物综合利用率	0.82%
	B_2环境治理 18.11%	P_{21}化学需氧量排放量	23.47%
		P_{22}氨氮排放量	20.33%
		P_{23}二氧化硫排放量	17.49%
		P_{24}氮氧化物排放量	17.91%
		P_{25}生活垃圾无害化处理率	0.95%
		P_{26}城市污水处理率	0.09%
		P_{27}节能环保财政支出占比	19.76%

（续表）

A目标层	B准则层	P指标层	权重
A生态文明发展水平	B_3环境质量 5.05%	P_{31}空气质量达到及好于二级的天数比例	1.18%
		P_{32}可吸入颗粒物PM10浓度	8.99%
		P_{33}单位耕地面积化肥使用量	16.72%
		P_{34}单位耕地面积农药使用量	73.11%
	B_4生态保护 30.44%	P_{41}森林覆盖率	17.44%
		P_{42}森林蓄积量	31.62%
		P_{43}自然保护区面积	50.93%
	B_5增长质量 9.73%	P_{51}人均GDP	34.24%
		P_{52}城镇居民人均可支配收入	2.40%
		P_{53}农村居民人均可支配收入	7.05%
		P_{54}第三产业增加值占GDP的比重	2.51%
		P_{55}研究与实验发展经费支出占GDP比重	53.79%
	B_6绿色生活 11.40%	P_{61}建成区绿地率	1.50%
		P_{62}农村卫生厕所普及率	6.59%
		P_{63}绿色出行	85.61%
		P_{64}农村自来水普及率	6.30%

表2-12　2015年安徽城市生态文明指标权重

A目标层	B准则层	P指标层	权重
A生态文明发展水平	B_1资源利用 25.29%	P_{11}单位GDP能耗	5.30%
		P_{12}用水总量	15.47%
		P_{13}单位GDP用水量	10.62%
		P_{14}单位工业增加值用水量	32.70%
		P_{15}农业有效灌溉面积	16.88%
		P_{16}耕地面积	18.50%
		P_{17}一般工业固体废物综合利用率	0.54%
	B_2环境治理 18.59%	P_{21}化学需氧量排放量	24.66%
		P_{22}氨氮排放量	20.81%
		P_{23}二氧化硫排放量	17.53%
		P_{24}氮氧化物排放量	15.90%
		P_{25}生活垃圾无害化处理率	0.01%
		P_{26}城市污水处理率	0.07%
		P_{27}节能环保财政支出占比	21.02%

（续表）

A 目标层	B 准则层	P 指标层	权重
A 生态文明发展水平	B_3环境质量 5.35%	P_{31}空气质量达到及好于二级的天数比例	2.54%
		P_{32}可吸入颗粒物 PM10 浓度	7.33%
		P_{33}单位耕地面积化肥使用量	11.36%
		P_{34}单位耕地面积农药使用量	78.78%
	B_4生态保护 31.36%	P_{41}森林覆盖率	18.08%
		P_{42}森林蓄积量	28.90%
		P_{43}自然保护区面积	53.03%
	B_5增长质量 8.25%	P_{51}人均 GDP	31.33%
		P_{52}城镇居民人均可支配收入	3.06%
		P_{53}农村居民人均可支配收入	6.88%
		P_{54}第三产业增加值占 GDP 的比重	1.73%
		P_{55}研究与实验发展经费支出占 GDP 比重	57.00%
	B_6绿色生活 11.16%	P_{61}建成区绿地率	1.43%
		P_{62}农村卫生厕所普及率	5.92%
		P_{63}绿色出行	89.24%
		P_{64}农村自来水普及率	3.42%

表 2－13　2016 年安徽城市生态文明指标权重

A 目标层	B 准则层	P 指标层	权重
A 生态文明发展水平	B_1资源利用 26.62%	P_{11}单位 GDP 能耗	7.72%
		P_{12}用水总量	13.78%
		P_{13}单位 GDP 用水量	9.34%
		P_{14}单位工业增加值用水量	32.74%
		P_{15}农业有效灌溉面积	16.51%
		P_{16}耕地面积	18.23%
		P_{17}一般工业固体废物综合利用率	1.69%
	B_2环境治理 15.63%	P_{21}化学需氧量排放量	23.02%
		P_{22}氨氮排放量	17.79%
		P_{23}二氧化硫排放量	30.30%
		P_{24}氮氧化物排放量	18.27%
		P_{25}生活垃圾无害化处理率	0.00%
		P_{26}城市污水处理率	0.05%
		P_{27}节能环保财政支出占比	10.57%

（续表）

A 目标层	B 准则层	P 指标层	权重
A 生态文明发展水平	B_3 环境质量 5.68%	P_{31} 空气质量达到及好于二级的天数比例	3.13%
		P_{32} 可吸入颗粒物 PM10 浓度	5.52%
		P_{33} 单位耕地面积化肥使用量	11.86%
		P_{34} 单位耕地面积农药使用量	79.49%
	B_4 生态保护 32.48%	P_{41} 森林覆盖率	16.95%
		P_{42} 森林蓄积量	29.24%
		P_{43} 自然保护区面积	53.81%
	B_5 增长质量 8.28%	P_{51} 人均 GDP	32.65%
		P_{52} 城镇居民人均可支配收入	2.75%
		P_{53} 农村居民人均可支配收入	7.17%
		P_{54} 第三产业增加值占 GDP 的比重	1.63%
		P_{55} 研究与实验发展经费支出占 GDP 比重	55.80%
	B_6 绿色生活 11.31%	P_{61} 建成区绿地率	0.98%
		P_{62} 农村卫生厕所普及率	7.12%
		P_{63} 绿色出行	89.97%
		P_{64} 农村自来水普及率	1.94%

表 2-14　2017 年安徽城市生态文明指标权重

A 目标层	B 准则层	P 指标层	权重
A 生态文明发展水平	B_1 资源利用 25.38%	P_{11} 单位 GDP 能耗	8.92%
		P_{12} 用水总量	16.88%
		P_{13} 单位 GDP 用水量	11.86%
		P_{14} 单位工业增加值用水量	20.71%
		P_{15} 农业有效灌溉面积	19.63%
		P_{16} 耕地面积	21.81%
		P_{17} 一般工业固体废物综合利用率	0.19%
	B_2 环境治理 17.25%	P_{21} 化学需氧量排放量	11.55%
		P_{22} 氨氮排放量	21.26%
		P_{23} 二氧化硫排放量	17.29%
		P_{24} 氮氧化物排放量	26.61%
		P_{25} 生活垃圾无害化处理率	0.01%
		P_{26} 城市污水处理率	0.03%
		P_{27} 节能环保财政支出占比	23.26%

（续表）

A 目标层	B 准则层	P 指标层	权重
A 生态文明发展水平	B_3 环境质量 5.23%	P_{31} 空气质量达到及好于二级的天数比例	6.99%
		P_{32} 可吸入颗粒物 PM10 浓度	6.35%
		P_{33} 单位耕地面积化肥使用量	11.75%
		P_{34} 单位耕地面积农药使用量	74.91%
	B_4 生态保护 32.24%	P_{41} 森林覆盖率	18.08%
		P_{42} 森林蓄积量	28.90%
		P_{43} 自然保护区面积	53.03%
	B_5 增长质量 9.36%	P_{51} 人均 GDP	41.73%
		P_{52} 城镇居民人均可支配收入	4.29%
		P_{53} 农村居民人均可支配收入	9.41%
		P_{54} 第三产业增加值占 GDP 的比重	2.66%
		P_{55} 研究与实验发展经费支出占 GDP 比重	41.91%
	B_6 绿色生活 10.54%	P_{61} 建成区绿地率	1.19%
		P_{62} 农村卫生厕所普及率	1.26%
		P_{63} 绿色出行	96.30%
		P_{64} 农村自来水普及率	1.26%

二、城市总体生态水平比较分析

根据 2013—2017 年安徽省城市生态文明数据，利用层次分析的理论计算得到城市生态文明的综合评价值，并对安徽省各城市之间的生态文明发展水平进行比较排序分析，结果见表 2－15～表 2－19 所列。

表 2－15　2013 年安徽城市生态文明综合评价值及排名

城市	淮北	亳州	宿州	蚌埠	阜阳	淮南	滁州	合肥
综合评价值	0.3213	0.3018	0.3133	0.3544	0.3848	0.2205	0.3764	0.4732
排名	11	14	12	10	5	16	6	2
城市	六安	安庆	马鞍山	芜湖	宣城	铜陵	池州	黄山
综合评价值	0.4204	0.4685	0.2465	0.3058	0.3757	0.3725	0.3735	0.5251
排名	4	3	15	13	7	9	8	1

表 2－16　2014 年安徽城市生态文明综合评价值及排名

城市	淮北	亳州	宿州	蚌埠	阜阳	淮南	滁州	合肥
综合评价值	0.3039	0.2951	0.3074	0.3527	0.3332	0.2090	0.3892	0.4944
排名	12	14	11	9	10	16	5	2
城市	六安	安庆	马鞍山	芜湖	宣城	铜陵	池州	黄山
综合评价值	0.4404	0.4659	0.2593	0.2996	0.3884	0.3627	0.3794	0.5333
排名	4	3	15	13	6	8	7	1

表 2－17　2015 年安徽城市生态文明综合评价值及排名

城市	淮北	亳州	宿州	蚌埠	阜阳	淮南	滁州	合肥
综合评价值	0.3209	0.2939	0.3102	0.3585	0.3367	0.2300	0.3891	0.5057
排名	11	14	12	9	10	16	7	2
城市	六安	安庆	马鞍山	芜湖	宣城	铜陵	池州	黄山
综合评价值	0.4216	0.4579	0.2681	0.3091	0.3961	0.3721	0.4040	0.5341
排名	4	3	15	13	6	8	5	1

表 2－18　2016 年安徽城市生态文明综合评价值及排名

城市	淮北	亳州	宿州	蚌埠	阜阳	淮南	滁州	合肥
综合评价值	0.3335	0.3346	0.3355	0.4155	0.3562	0.2155	0.4253	0.5480
排名	12	11	10	8	9	16	7	1
城市	六安	安庆	马鞍山	芜湖	宣城	铜陵	池州	黄山
综合评价值	0.4715	0.5007	0.2661	0.3174	0.4411	0.3294	0.3643	0.5337
排名	4	3	15	14	5	13	6	2

表 2－19　2017 年安徽城市生态文明综合评价值及排名

城市	淮北	亳州	宿州	蚌埠	阜阳	淮南	滁州	合肥
综合评价值	0.3207	0.3711	0.4057	0.3935	0.3640	0.1926	0.3978	0.5516
排名	13	10	7	9	11	16	8	1
城市	六安	安庆	马鞍山	芜湖	宣城	铜陵	池州	黄山
综合评价值	0.4756	0.5270	0.2310	0.2866	0.4756	0.3239	0.4192	0.4973
排名	5	2	15	14	4	12	6	3

为了使结果更加直观，做出相应的折线图，如图 2-1 所示。

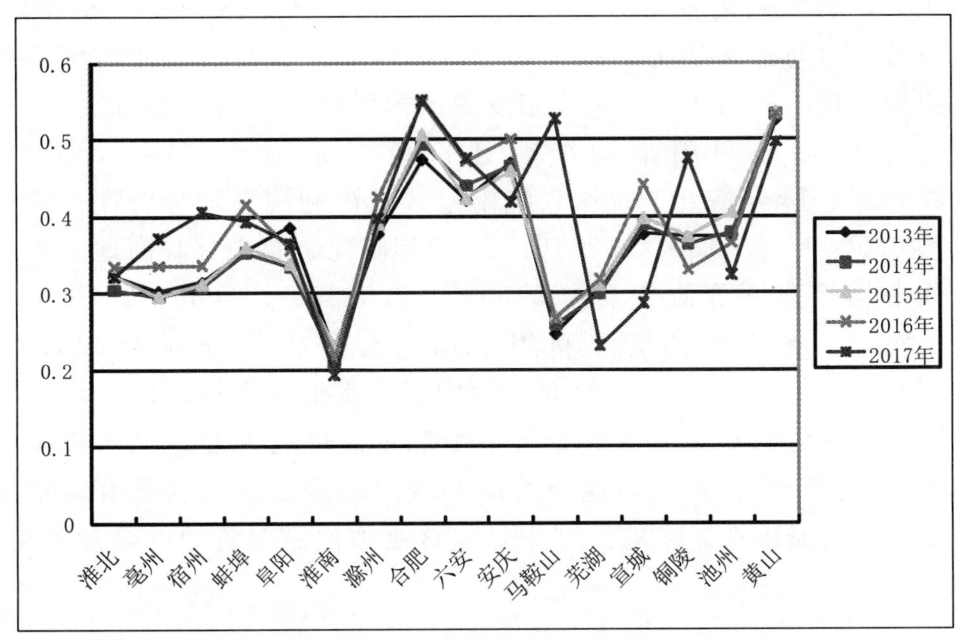

图 2-1　2013—2017 年安徽城市生态文明综合评价值

由表 2-15～表 2-19 以及图 2-1 可知，由于生态文明建设体系选取的指标较多，排名靠前的黄山、六安等市 GDP 发展水平虽然不如芜湖、马鞍山等市，但是其生态环境较好，有着丰富的自然资源，为城市生态文明建设奠定坚实的环境基础。从区域生态发展的角度来看，由于皖北地区人口密度大，核心产业发展效率低以及地区人口生态保护意识淡薄，因此相较于皖中与皖南地区，皖北地区的生态建设水平较为落后。皖南地区经济生态发展较为平衡，旅游资源丰富，自然环境优越，生态文明建设较好。皖中地区经济基础雄厚，相较于皖南与皖北地区，生态文明建设水平较高。

三、城市生态体文明准则层分析

（一）资源利用评价

从资源利用方面来看，2015—2017 年安徽各城市资源利用综合评价值差异较大（图 2-2）。综合 2013—2017 年各城市资源利用综合评价值及排名看，每个城市自身在五年时间内资源利用程度的变化不大，资源利用程度较高的城市是合肥，合肥作为安徽省省会，其发展能力与经济实力较强，对资源利用的投入更大，使得资源得到更加合理的利用。从区域生态发展的角度看，2013 年皖北、皖中、皖南地区资源利用平均综合评价值分别为 0.5171、0.5689、0.2847，2014 年皖北、皖中、皖南地区资源利用平均综合评价值分别为 0.5000、0.6139、0.2876，2015 年皖北、皖中、皖南地区资源利用平均综合评价值分别为 0.5336、0.5599、0.3095，2016 年皖北、皖中、皖南地区资源利用平均综合评价值分别为 0.5450、0.5812、0.3142，2017 年皖北、皖中、皖南地区资源利用平均综合评价值分别为 0.6297、0.5156、0.4651。皖中与皖北地区的资源利用程度要高于皖南地区，这与皖中和皖北的经济快速发展有着密切关系。皖南城市在未来的发展中，应该更加注意对资源的合理利用，减少资源浪费。

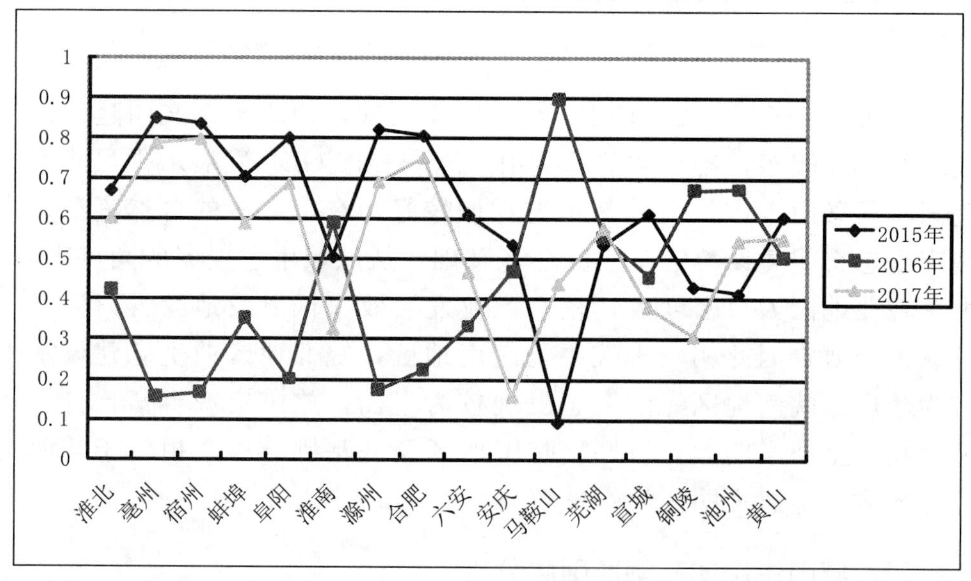

图 2－2　2015—2017 年安徽各城市资源利用综合评价值

（二）环境治理评价

从环境治理方面来看，基于 2015—2017 年的综合评价值画出折线图进行比较，可以看到2017年环境治理综合评价值相较于前两年有较大差异。黄山、铜陵和池州较其他城市有较大优势，三市环境治理的综合评价值都远高于其他城市。生态文明指标体系中环境治理主要是空气、污水中污染物的排放量以及环境保护的投入，从图2-3可以看出，安徽省多数城市的环境治理都做得比较好，这说明政府在追求经济发展的同时，越来越注重对环境的保护，走可持续的发展道路。从区域生态发展的角度看，2013年皖北、皖中、皖南地区环境治理的综合评价值平均值分别为0.2804、0.2381、0.4647，2014年皖北、皖中、皖南地区环境治理的综合评价值平均值分别为0.2567、0.2428、0.4877，2015年皖北、皖中、皖南地区环境治理的综合评价值平均值分别为0.2531、0.2393、0.5192，2016年皖北、皖中、皖南地区环境治理的综合评价值平均值分别为0.3820、0.4134、0.5979，2017年皖北、皖中、皖南地区环境治理的综合评价值平均值分别为0.5383、0.4517、0.5257。通过研究比较可以发现，相较于皖北与皖中地区，

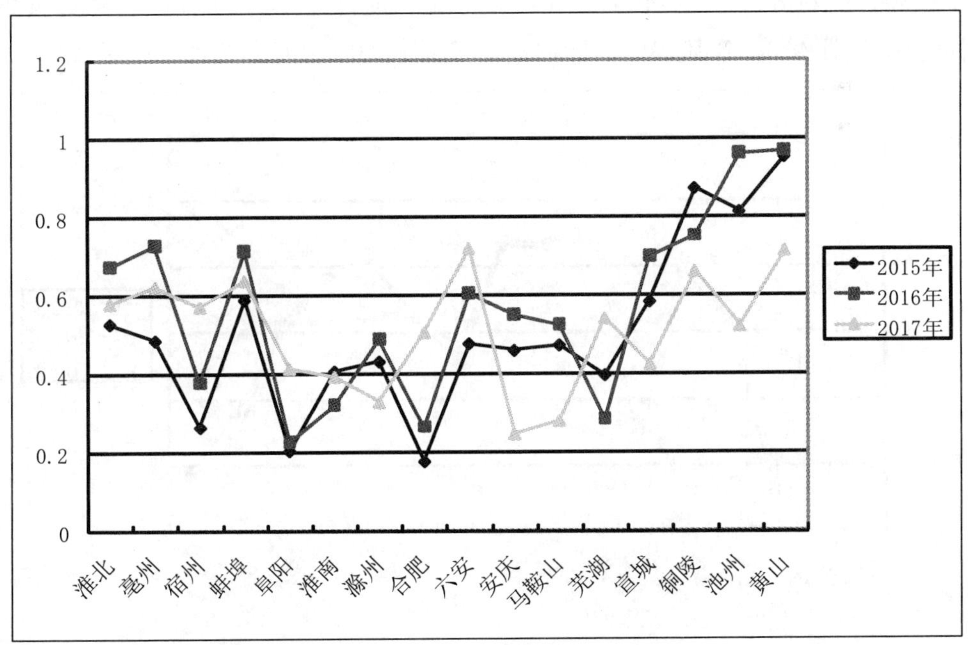

图2-3　2015—2017年安徽城市环境治理综合评价值

皖南地区更加注重环境保护，因此皖北和皖中在今后的发展道路上，要正确处理经济发展同生态环境保护之间的关系，制定合理的方针政策，牢固树立保护生态环境就是保护生产力、改善生态环境就是发展生产力的理念，加大环境治理力度，自觉推动绿色发展、循环发展、低碳发展。

（三）环境质量评价

从环境质量方面来看，安徽各城市之间的环境质量综合评价值变化明显（图 2-4）。滁州、合肥的环境质量相较于其他城市更具优势，而自然生态条件优越的黄山、池州等城市的环境质量综合评价值反而较低。虽然黄山等城市的生态环境良好，甚至超过合肥等地，但是选取的环境质量评价指标还包括了单位耕地面积的化肥与农药使用量，这不仅仅是自然的环境质量，也包含了人类活动对环境的改变，所以说环境质量与人类活动有着密切关系。从区域生态发展的角度看，2013 年皖北、皖中、皖南地区环境质量的平均综合评价值分别为 0.6280、0.6085、0.4440，2014 年皖北、皖中、皖南地区环境质量的平均综合评价值分别为 0.4864、0.6574、0.4890，2015 年皖北、皖

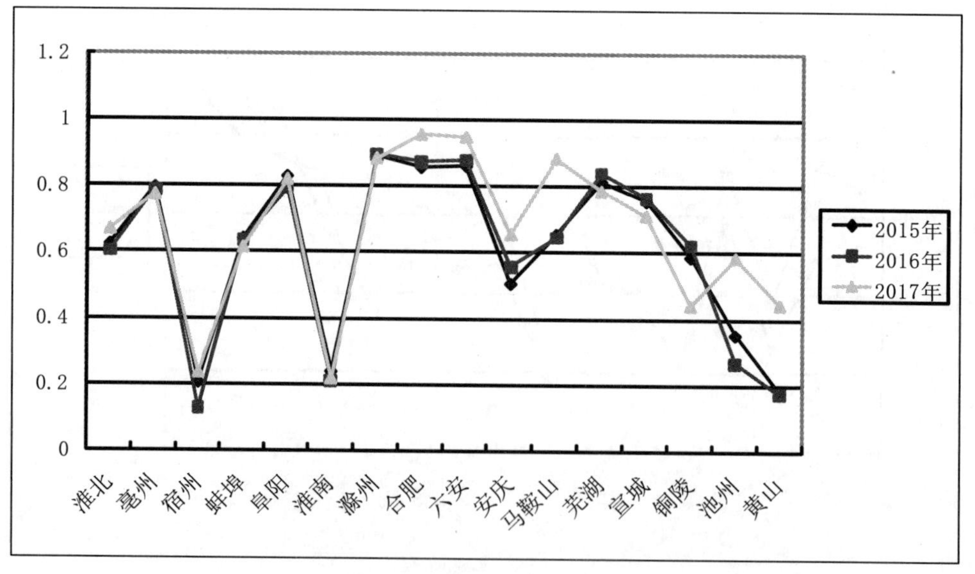

图 2-4　2015—2017 年安徽城市环境质量综合评价值

中、皖南地区环境质量的平均综合评价值分别为 0.4821、0.7326、0.4796，2016 年皖北、皖中、皖南地区环境质量的平均综合评价值分别为 0.4736、0.7504、0.4838，2017 年皖北、皖中、皖南地区环境质量的平均综合评价值分别为 0.5529、0.8603、0.6403。皖中地区环境质量最好，皖北与皖南的环境质量较为接近，这说明皖中地区人类活动和生态环境的关系相较于皖北与皖南地区更加和谐，充分表明人与自然和谐相处的道理。

（四）生态保护评价

从生态保护方面来看，安徽各城市之间的生态保护综合评价值波动较大，但每个城市自身在五年时间内生态保护综合评价值几乎没有变化（图 2-5）。安庆、黄山、池州、六安较其他城市有较大优势，这与政府着力注重生态保护息息相关。本节选取的生态保护指标主要是为了评价森林资源及自然保护区。从整体看各城市，除安庆、黄山、池州、六安这四个城市在五年间的生态保护综合评价值高于 0.5，芜湖、宣城生态保护综合评价值高于 0.4，其他 10 个城市五年间的综合评价值都低于 0.25，这说明这些城市的生态保护政

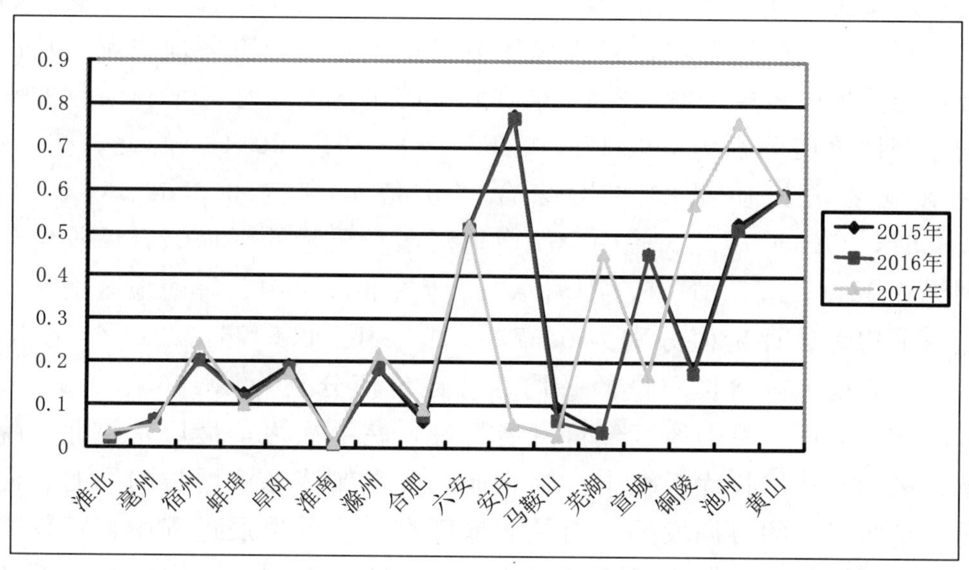

图 2-5　2015—2017 年安徽城市生态保护综合评价值

策实施效果差不多，在以后的发展中，应当注重对生态的保护，包括对森林资源以及自然保护区的保护。从区域生态发展的角度来看，2013 年皖北、皖中、皖南地区生态保护的综合评价值平均值分别为 0.1385、0.4082、0.3296，2014 年皖北、皖中、皖南地区生态保护的综合评价值平均值分别为 0.1318、0.3995、0.3285，2015 年皖北、皖中、皖南地区生态保护的综合评价值平均值分别为 0.1326、0.4044、0.3319，2016 年皖北、皖中、皖南地区生态保护的综合评价值平均值分别为 0.1302、0.4047、0.3262，2017 年皖北、皖中、皖南地区生态保护的综合评价值平均值分别为 0.10、0.2191、0.4265。皖北、皖南、皖中地区的生态保护综合评价值平均值逐渐增加，相较于皖中和皖南地区，皖北地区的生态保护综合评价值普遍较低。

（五）增长质量评价

从增长质量方面来看，安徽各城市之间的增长质量综合评价值变化幅度较大（图 2 - 6）。合肥、芜湖和马鞍山的增长质量相较于其他城市更具优势，这说明合肥、芜湖、马鞍山的政府较为注重经济的发展。增长质量主要评价经济增长与资源环境之间的关系，合肥、芜湖、马鞍山三个城市的经济增长与资源环境相较于其他城市更加协调。从区域生态发展的角度来看，2013 年皖北、皖中、皖南地区增长质量的平均综合评价值分别为 0.3417、0.4570、0.5791，2014 年皖北、皖中、皖南地区增长质量的平均综合评价值分别为 0.3566、0.4694、0.6057，2015 年皖北、皖中、皖南地区增长质量的平均综合评价值分别为 0.3872、0.5461、0.6419，2016 年皖北、皖中、皖南地区增长质量的平均综合评价值分别为 0.3778、0.5440、0.6476，2017 年皖北、皖中、皖南地区增长质量的平均综合评价值分别为 0.1366、0.5589、0.3236。因此，皖南地区经济发展最好，皖中次之，最后是皖北。皖南地区的经济增长优于皖中、皖北地区，在保持经济增长的同时，注重经济与资源的协调发展，而皖北地区在今后的发展进程中，不仅需要大力发展经济，加快经济发展的步伐，还要做到经济增长与资源环境协调发展。

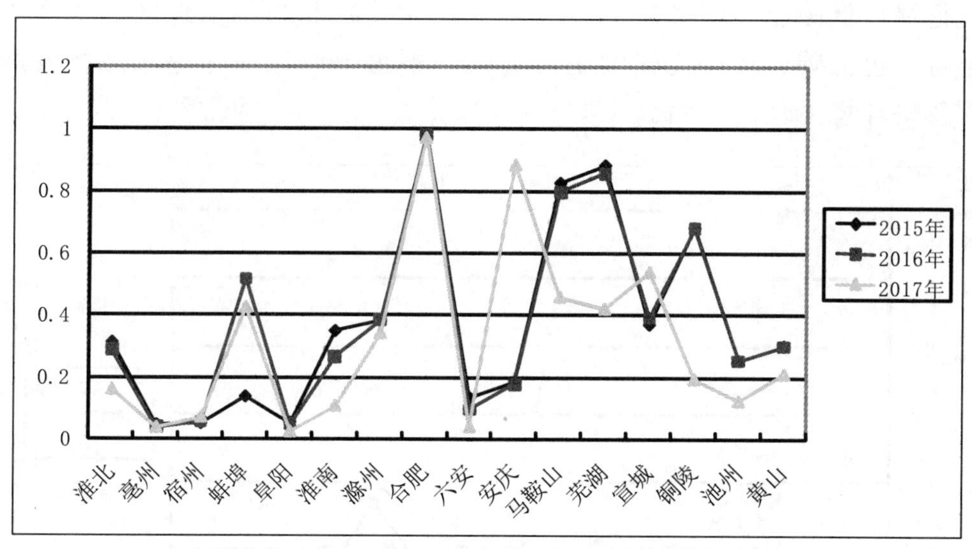

图 2-6 2015—2017 年安徽城市增长质量综合评价值

（六）绿色生活评价

从绿色生活方面来看，安徽各城市在三年间绿色生活综合评价值变化较小。合肥较其他城市有较大优势，其绿色生活的综合评价值在过去三年每年都超过 0.9，远高于其他城市。生态文明指标体系中的绿色生活指标反映城市的绿色发展、低碳生活以及生活方式的改善，从图 2-7 可以看出，除合肥的绿色生活综合评价值高，安徽其他城市的绿色生活综合评价值均在 0.11～0.47 之间波动，这说明安徽全省的绿色生活较为均衡。从区域生态发展的角度看，2013 年皖北、皖中、皖南地区绿色生活的综合评价值平均值分别为 0.2608、0.4503、0.2714，2014 年皖北、皖中、皖南地区绿色生活的综合评价值平均值分别为 0.2451、0.4196、0.2265，2015 年皖北、皖中、皖南地区绿色生活的综合评价值平均值分别为 0.2422、0.4157、0.2069，2016 年皖北、皖中、皖南地区绿色生活的综合评价值平均值分别为 0.2346、0.4235、0.2044，2017 年皖北、皖中、皖南地区绿色生活的综合评价值平均值分别为 0.1399、0.3536、0.1102。

相较于皖北与皖南地区，皖中地区更加注重绿色生活，皖北与皖南地区的绿色生活相差不大，因此安徽在今后的发展道路上，要着力推行绿色低碳、文明健康的生活方式，尤其皖北与皖南地区更要注重推行绿色低碳、环保优先的生活方式，不再走以往一味追求经济发展而忽略环境治理的老路。

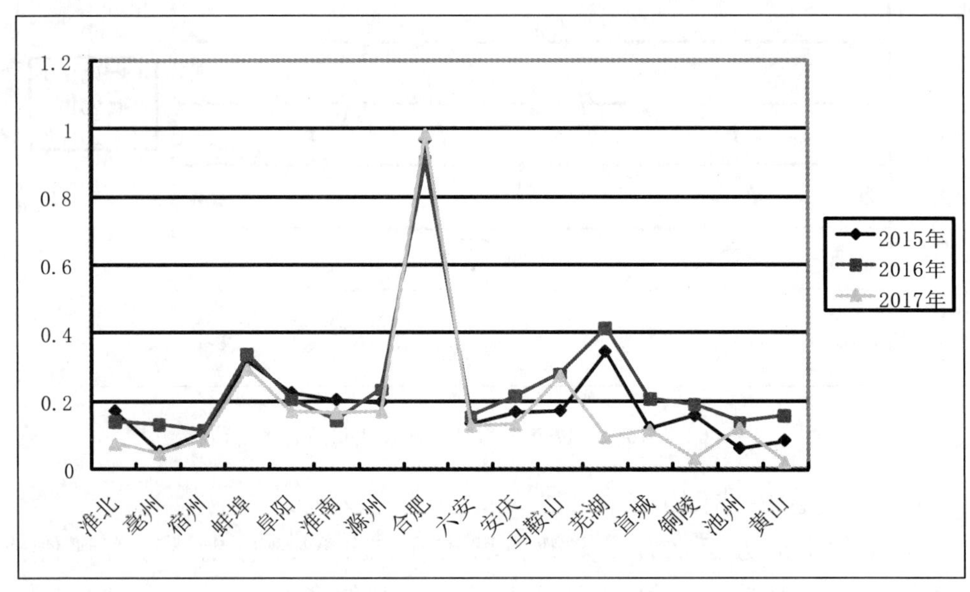

图 2－7　2015—2017 年安徽城市绿色生活综合评价值

第四节　促进安徽生态文明建设的政策建议

通过研究可以看出 2013—2017 年安徽省生态文明综合评价值呈现稳定上升趋势。这说明，安徽省生态文明在不断提高，也说明这几年安徽省 16 个地市采取的相应措施取得了成果。但是地市之间生态文明发展水平有着不小的差距。比如说，黄山、合肥、安庆排名稳居前列。而马鞍山和淮南排名一直没有大的变化，分别处于第 15 位和第 16 位，这说明安徽省生态文明发展不平衡。对于淮北、淮南、阜阳和亳州生态文明评价排名落后的城市，应该完善生态环境管理制度，整合生态环境治理的机构，明确主管机构，督导责任的落实。这对推进生态环境的改善必将起到重要的作用。

对于合肥、黄山、安庆等排名靠前的城市，应当继续采取前期采用的措施，并在追求生态保护的基础上，找到适宜的措施去发展经济。

对于蚌埠、六安等排名处于中等层次的城市，应当借鉴合肥、黄山和安庆的生态文明发展实施方案，并从这些方案中找到适合蚌埠、六安等市生态文明发展的方案，并应用到实际当中。

加强不同地市之间的交流。加强各级政府之间关于生态文明建设经验的交流，充分发挥政府建设生态文明的主导作用，多向其他生态文明好的城市学习，借鉴其在建设生态文明过程中的经验，带动相邻城市共同建设生态文明。从城市视角来看，安徽省城市众多，且各城市经济发展不均衡，资源环境、生态条件参差不齐。为此，将各城市的发展情况分为三类：第一类为合肥、芜湖、蚌埠、马鞍山和铜陵，第二类为黄山、池州、六安、宣城和安庆，第三类为淮南、淮北、滁州、阜阳、宿州和亳州。

第一类城市的特点是经济社会发展水平较高，人民生活水平较好，但由于自然资源或生态环境的约束限制了地区生态文明的发展，导致其生态文明发展不全面、不均衡。这些地区应该以发展循环经济为重点，培育和发展特色工业，优化工业布局，以节能、降耗、减排为目标，大力发展高效、节约、循环的产业。由表 2－10～表 2－14 可以看到在二级指标中，生态保护的权重最大。这是由于党的十八大以来，党中央、国务院高度重视生态环境保护，在财政上支持这方面工作。在第一类城市中，以合肥为例，这一类城市片面追求经济发展而忽略了生态治理，所以这一类城市应当调整优化产业结构，提高第三产业在产业结构中的比重，降低第二产业比重，大力推进公众积极参与生态文明建设。作为生态文明建设的基础工程，加强宣传教育是改变公众思想观念、深化公众生态文明理念的重要措施。

第二类城市的特点是生态环境基础较好，资源条件优越，但其经济发展水平与人民生活水平相对而言处于劣势。以六安为例，六安有着多处国家级旅游风景区，自然资源得天独厚。自然资源优越，为生态文明提供了先天条件，但优越的自然资源也约束了经济的发展，使得经济条件落后，从而导致生态文明水平落后，所以这类城市在生态文明发展过程中应结合自身城市特点，因地制宜，大力发展生态旅游业，通过生态旅游带动经济发展。

第三类城市的特点是经济发展水平落后，且没有丰富的自然资源，生态环境落后。以淮南市为例，由于工业发展的需要，淮南市大力开采煤矿，从而导致环境质量较差，这类城市在生态文明发展的过程中，应该充分了解自身发展的相对优势与不足之处，学习借鉴其他城市生态文明建设方式。但是不能照搬其他城市模式，应立足于自身特点，因地制宜取其精华，以供自我发展。在生态文明建设中重点发展一方面的优势，其他方面协调发展，提升城市综合水平。

总之，传统的发展模式已经不再适用于现代经济社会，绿色生态发展将是未来社会发展的必然趋势，地方政府要发挥主导作用，全面推进地方生态文明建设，为实现我国经济社会长远可持续发展提供有力保障。

第三章　流域生态补偿机制的理论基础

本章将介绍、分析流域生态补偿机制的理论基础，以期为流域生态补偿特别是新安江生态补偿机制的建立、优化提供理论指导和逻辑依据。

第一节　流域生态补偿的理论依据

流域生态补偿的理论依据就是要说明为何会产生流域生态补偿，不同的理论对此有不同的表述，但最终目的是一致的。

一、流域生态补偿的基本内涵

流域生态补偿在国际上被命名为“流域生态系统服务付费”(Payment for Watershed Ecosystem Services，PWES)。从经济学的角度来看，上游地区因承担生态环境保护和建设责任，必然在短期内对自身经济发展造成损害，而下游地区作为生态保护的受益者，理应对上游丧失的发展机会成本给予适当弥补。从生态学的角度来看，流域生态系统作为一个区域整体，其内在含有各类生态价值，并服务于整个流域，而仅依靠上游或下游单方面的治理行为是很难达到整个流域生态价值的改善或增值的，因此必须协调好上下游地区生态共治共享的治理关系。从法律学的角度来看，流域生态补偿是以平衡社会经济发展为目的，并通过专门的程序以及法律法规，经过一定的法治手段来平衡生态环境保护以及破坏的主客体之间的利益的行为。

流域生态补偿有两种方式：一是政府主导模式，主要是中央或地方政府借助立法或颁布行政法规等手段，对因生态保护而受损的主体提供直接或间接的补偿，它是我国目前采用较多的补偿方式；二是市场主导模式，强调市场在协调上下游地区生态保护权责关系的关键作用，通过协商交易等市场化手段来实现流域生态环境治理。目前，我国正借助规划等手段不断规范和引领政府主导模式，同时也越发重视市场机制的补充作用。

二、流域生态补偿的基本原则

流域生态补偿并非为了对环境破坏的一方进行惩罚，其真正的目的是为了能更好地鼓励开发者做出保护生态资源的行动。流域生态补偿的主要目的就是要做到两点：一是提高流域开发者保护流域生态环境的意识；二是明确主客体间补偿方式以及补偿标准。基于以上两点，流域生态补偿主要遵循以下三点基本原则。

（一）补偿合理性原则

在补偿过程中，合理性是其必要前提。补偿合理性原则主要包括以下三点：第一，“谁保护，谁受益”。强调保护生态环境的行为，这是鼓励经济主体更为积极地成为生态环境保护者的基本原则。要使流域水资源得到持续保护不被严重破坏，对生态流域保护者的补偿就是必需的，它可以提高保护者的积极性。第二，“谁受益，谁补偿”。流域作为公共物品，难免会出现“搭便车”“公地悲剧”等现象，流域下游的企业享受生态环境正的外部性，如果不提供给流域其他保护区域一定补偿，便会丧失公平性。补偿费用是通过各省、市、区水资源实际使用情况以及当地发展水平和污染程度制定的。第三，“谁破坏，谁补偿”。该原则将环境损坏方造成的负外部性内部化，通过对一定流域内所有污染行为主体收取费用，将其造成的负外部成本内部化，从而约束生产者减少污染。

（二）公众广泛参与原则

公众是作为流域生态补偿主体或流域生态受偿主体而存在。他们为了流域能得到更好的保护以及自身利益不被破坏，应当更加积极主动地参与到流域生态补偿过程中，全面了解补偿的各种信息。政府也要积极出台相关政策，鼓励并引导公众参与到流域补偿活动中。坚持人民当家做主，每个公民都在履行自身职责的基础上为国家、为人民，也为我们的生态环境做出应有的贡献。为了照顾所有利益相关者的言论和行为，需要积极营造一个更加民主透明的管理机制，这样不仅能提高公众参与者的积极性，还能有效确保各方利益不被破坏。

（三）灵活有效性原则

灵活有效性就是生态补偿不搞“一刀切”，要因地制宜，要讲实际成效。生态补偿涉及的主体众多，关系极为复杂，也没有统一的补偿标准和方法。同时，各流域地理环境以及资源环境不同。因此，要因地制宜、因时制宜。根据实际情况采取有针对性的和多元化的补偿方式、补偿标准，采取不同的资金筹集方式和分配方式。

三、流域生态补偿的相关理论依据

生态补偿的相关理论大体上可以分为三类：经济学理论中的“公共物品理论”“外部性理论”；生态学理论中的“可持续发展理论”“生态环境资源价值理论”和“生态资本理论”；法学理论中的“环境正义理论”和“公平与效率均衡论”。

（一）经济学理论

1. 公共物品理论

公共物品是具有非竞争性和非排他性的产品，通常由政府提供。所谓的非排他性指的是公共物品一旦被生产出来，其他人可以不用付出任何成本便可以享用。非竞争性则更加侧重产品的消费数量和质量，即在增加一个消费者的同时并不会减少其他消费者对该公共物品的消费。流域作为公共物品，在开发和使用过程中，容易出现“公地悲剧”的后果，造成流域生态环境恶化。因此，建立流域生态补偿制度，综合运用经济的、行政的尤其是法律的手段使流域上游地区能从流域下游地区获得更多的支持（包括经济发展政策、区域建设规划、财力等）。而持续生产生态公共物品，同时让所有受益者直接或间接地为流域上游弥补一定成本损失，可以最大限度地减少“搭便车”的现象，有效防止“公地悲剧”的发生。

2. 外部性理论

外部性可以分为正外部性和负外部性。正外部性是指能给其他人带来正面的有利的行为，并且受益者无须付出任何的成本。而负外部性是指经济主体的某种行为会给他人带来不利影响，但同时该经济主体不用付出任何代价。流域水资源利用以及生态保护均具有明显的外部性特征。例如，对生态环境进行保护建设，受益者可无偿获得好处，这便是正外部性。与此同时，流域上游污水排放会对下游造成负外部性，如果生态环境破坏者不向受害者支付相应补偿，这种破坏便会加剧，生态环境进一步恶化。生态补偿便是为了将生态保护或破坏的外部性予以内部化，实现资源的最优配置和社会福利的最大化。

（二）生态学理论

1. 可持续发展理论

可持续发展理论的主要内容集中在以下两点：一是在保证生态平衡的基础上，能合理分配和利用资源，确保后代利益不被损害；二是经济社会的发展必须是长远的、可持续性的。流域的上下游是利益相关者，流域上游的经济活动会关乎下游的经济发展，而可持续发展并非要求流域上游为了确保生态环境安全就放弃经济发展，而是通过上下游之间的协商，并进行一定的补偿。具体而言，就是上游为了保护生态不被破坏，采取一系列的保护措施，因而会蒙受一定的损失，下游作为其中的受益者应适当地给上游一些补偿。相同的道理，当上游为了追求相关利益而对流域生态环境造成污染从而影响到下游经济利益时，上游同样应该对下游做出一定补偿。此外，上、下游各经营主体在资源开发利用过程中，更应秉持可持续发展的理念，要以生态系统的长期利益为重，而非追求短期利益。通过生态补偿机制，完善流域长期发展战略，以确保生态平衡发展和水资源的长久利用。

2. 生态环境资源价值理论

生态资源作为一种生态产品，它们在生态服务系统中是具有生态价值的，它的这种生态价值来源于系统的服务功能。流域作为一种特殊的生态资源，具有经济服务功能和生态服务功能。其中经济服务功能是指流域在人们的生产生活过程中的一些基本功能，例如：生活用水、农业灌溉、工业用水等。而生态服务功能则指维持区域生态环境协调的功能，包括对河道水沙平衡的维系、生物多样性的维护、固定二氧化碳、休闲娱乐美学等功能。据《水利与国民经济协调发展研究》统计，中国陆地淡水生态系统的总价值为4.96万亿元，其中地表水生态系统的价值为3.91万亿元，地下水生态系统的价值为1.05万亿元①。正是由于水资源巨大的生态价值，为流域生态补偿机制的构建提供了直接的理论依据，流域中下游的发达地区不能再长期无偿占用上游地区溢出的生态价值，而上游地区也不能再长期无偿提供水资源生态价值，而默默地承受着贫穷的煎熬。因此，建立流域生态补偿制度势在必行。

3. 生态资本理论

按照生态资本理论的说法，自然资源以及生态环境都是稀缺的。其中，生产资料、流域水资源都具有使用价值，而生态环境自我净化的能力和水土保护等则是生态系统的内在存在价值，这对人类来说是一种内在存在价值。生态资本理论为实施流域生态补偿提供了理论依据，根据社会需求以及效应价值论等可知生态系统提供的生态服务具有价值属性，是重要的生态资本。通过上下游之间的生态补偿，下游发达地区为上游欠发达地区提供补偿费用，进而获得上游地区提供的生态服务。有学者结合联合国的千年生态系统评估以及美国研究机构的自然资本项目对全球生态价值系统进行了评价，证实了环境资源的价值意义。随着社会进步，人们的物质生活水平不断提高，对生存环境的要求也不断提高。这个时候，如何达到自然资源与人类活动的平衡就成了我们亟待思考的关键问题，只有向自然的索取与投资达到平衡，生态资本才会不断增值，生态系统才能得到可持续发展。

（三）法学理论

1. 环境正义理论

环境正义理论的核心观点是以人道主义为依托，在构建社会平等

---

① 王浩．中国水资源与可持续发展［M］．北京：科学出版社，2007.

的价值观中去公平地享受环境[①]。从中可以看出，人类在面对生态保护以及经济发展的抉择时，还应认识到人道价值观的重要性。环境正义所关注的仍旧是环境危害和环境措施的负担，而该种负担如何实现在社会个体和群体之间的分配才是问题关键[②]。因此，环境正义仍要求国家和政府顾及环境负担平均分配、环境影响的合理分布等问题。因此，维护和追求环境正义是构建流域生态补偿法律制度所应遵循的基本理念。在当今水资源危机愈演愈烈之时，我们需要通过环境正义理论为依托，采取生态补偿的正确方针来实现流域的代内公平和代际公平，保护流域生态安全，缓解水资源危机。

2. 公平与效率均衡论

公平与效率之间的关系是人类社会发展的永恒主题。一般来说，法律的效率价值是指以最小的社会资源投入来换取最大的社会效益。而法律的公平价值则是指要依靠自然法则维系正义。从价值形态上看，公平所反映的是人与人之间的关系，追求的是“应然”秩序；效率所反映的是人与物之间的关系，追求的是结果时效性[③]。在处理公平与效率的问题时，总不可避免地要讨论究竟是效率优先还是公平优先的问题。事实上，它们既对立又统一。一方面，坚持效率标准，能够有效实现资源的优化配置，同时增加国民财富、促进经济发展。在此基础上，更高层次的公平也有可能实现。另一方面，如果一味地强调效率，那么公平将被忽视，可能导致诸如社会收入分配不公等现实问题，社会两极分化严重，各种不稳定因素也将滋生，这个时候又会反过来降低社会效率。流域生态补偿制度在纵向上，通过政府补偿的方式对流域上游地区实施生态保护的行为给予补偿；在横向上，通过市场交易方式在流域上下游不同地区之间进行水权、排污权及生态服务交易，对流域上游地区的生态保护进行保障，体现了这种公平效率均衡的法律价值观的要求。

---

① 岩佐茂．环境的思想与伦理［M］．冯雷，李欣荣，尤维芬，等，译．北京：中央编译出版社，2011.

② 詹姆斯・萨尔兹曼，巴顿・汤普森．美国环境法［M］．徐卓然，胡慕云，译．北京：北京大学出版社，2016.

③ 万光侠. 公平与效率——法律价值的人学分析［M］．北京：人民出版社，2000.

第二节 流域生态补偿机制的基本内容

生态补偿机制是在产权界定的基础上，是以保护生态环境、促进人与自然和谐为目的，根据生态系统服务价值、生态保护成本、发展机会成本，综合运用行政和市场手段，调整生态环境保护和建设相关各方之间利益关系的一种制度安排。主要针对区域性生态保护和环境污染防治领域，是一项具有经济激励作用、与“污染者付费”原则并存、基于“受益者付费和破坏者付费”原则的环境经济政策。本节将着重讨论流域生态补偿机制的基本内容，包括流域生态补偿的主客体、补偿标准核算、补偿方式选择、资金筹集以及资金分配。

一、流域生态补偿的主客体

生态补偿机制的建立首先要对补偿的主体和客体做出界定。它涉及生态补偿过程中的利益相关者，该由谁来补偿以及谁应该获得补偿的问题。在生态环境保护过程中，由于各个主体之间的环境利益与经济利益之间存在错综复杂的关系，往往难以协调。这就有可能导致一系列的问题：生态环境的破坏者未能承担责任，付出补偿，而环境保护者未能得到相应的回报，缺乏再次对环境做出保护行为的激励。环境保护者、环境破坏者以及受益者之间权责关系的界限不清是导致上述问题的根本原因。因而，对生态补偿的主客体进行界定是很有必要的。下面将基于两个角度来对生态补偿的主客体进行界定。

（一）基于法学视角上的界定

生态补偿中的主客体可以按照法学中的权利和义务一致性原则进行界定。为解决“谁补偿谁”的问题，明确哪些地区、行业和群体是流域生态治理的受益地区和受益主体，哪些地区、行业和群体是流域生态治理和保护的贡献地区和主体或受损主体。生态补偿的主体又大致可以分为支付主体和责任主体，支付主体简单来说就是直接支付补偿的一方，而责任主体是支付补偿后经济责任的承担者。生态补偿的客体主要有两大类：一类是作为资产状态的自然资源客体；另一类则是作为有机状态存在的生态系统。

主客体在区分外部性的不同情形时会有一些差别，面对外部不经济的情形，主要讨论的是生态环境的破坏者补偿给利益受损的一方。在外部经济的条件下，通常是由为了保护生态环境而蒙受一部分利益损失的个体收到相关受益者的补偿。这里也涉及初始产权界定的问题，一般在产权明晰的情况下这种主客体关系就比较容易确定。

我国《环境保护法》中明文规定“对保护以及改善环境有显著成效的单位或个人由人民政府给予奖励”。这里，对于改善环境给予奖励的行为在一定程度上可看成生态补偿。然而这种规定仍不够具体，缺乏明确的补偿法案和补偿方式，这可能会造成部分对环境保护做出实质性贡献的主体得不到应有的补偿。所以还需要完善这一块的法律，明确其中的具体补偿方式和条件。

（二）基于经济利益视角上的界定

在20世纪90年代初期，大部分人会根据“谁破坏谁补偿”的原则，从“抑损性”的角度定义生态补偿主体，即生态补偿主体就是生态环境的破坏者。从该角度出发，生态补偿主体即指对生态系统或自然资源造成污染的损坏者。他们因其污染行为对其他利益相关者造成负面影响，所以需要对利益受损者提供补偿，用于生态系统和自然资源的治理与修复。到了20世纪90年代后期，学界在考虑生态补偿主体时，不仅考虑到生态补偿的破坏行为，还将受益这一事实考虑到了其中，根据“谁受益谁补偿”的原则，认定生态补偿主体的范围包括从生态环境服务产品中受益的单位和个人。例如在研究南水北调中线水源涵养区生态补偿问题时，下游政府和中央政府是最大受益者，因而他们便是生态补偿的主体。依据“谁保护谁受益”的原则，多数研究者认为对生态补偿客体的界定更应偏向于因保护生态环境而造成利益受损的一方。如果不对这部分人进行补偿，生态环境就得不到改善，因此，对生态保护者的补偿是很有必要的。

二、生态补偿标准核算

进行补偿标准的核算是确保生态补偿能否顺利实施的一个必要条件。补偿标准主要包括以下三个方面：①对生态服务功能进行评估，即行为主体对生态服务功能影响的货币化表现；②对生态治理的投入成本以及机会成本进行测算；③通过计算结果，由利益双方相互协商，然后达成各自认可的协议。常见的生态补偿方法有以下几种：

（一）效用价值法

该方法以人类生产生活活动的服务功能所反映的市场经济货币量值进行核算，正向表征流域生态系统服务功能价值，计算途径主要有两类：揭示偏好法与陈述偏好法。揭示偏好法是以从市场信息中可观察到与此相关联的产品或服务的行为轨迹，经过类比评估，以“影子价格”和消费者剩余来表达生态服务功能的经济价值，其评价手段多种多样，包括市场价值法、费用支出法、旅行费用法和享乐价值法等。而陈述偏好法通常是通过调查问卷的方法咨询相关利益群体的支付意愿进行表征生态服务功能的经济价值，也称模拟市场技术或假设市场基数，其评价手段称为条件价值法[①]。

（二）成本定价法

该方法因生态环境破坏或衰败导致其服务功能下降，无法满足人类需求，导致人类付出诸如水质污染等代价，逆向或间接表征生态系统服务功能价值的经济货币量值，它主要是从两方面进行定价：一种是根据直接投入和机会成本定价。即生态恢复的地区的产业产值、当地生产净收益率以及物价指数计算相应损失收益。譬如有人以鄱阳湖为例建立退田还湖生态补偿机制，先根据鄱阳湖湖区 1997 年农业生产总值计算出退田还湖的农业总产值，然后再根据当地农业生产净收益率计算出退田还湖区的农业总收益，最后根据物价指数，折算成 2000 年现值收益，得出退田还湖后农民的收益损失。另外一种则是根据生

① 丁爱中，李原园，张淑荣，等．与水有关的生态补偿实践与经验［M］．北京：中国水利水电出版社，2018.

态破坏或修复成本计算，即根据生态环境污染物的治理成本或恢复成本计算生态补偿。例如，有人依据这种计算方法核定出了太湖流域生态保护成本。

（三）费用支出法

该方法的基本思路就是以人们对于某种环境服务的实际支出费用来表示该服务的经济价值，也反映了人们对享受该环境服务的支付意愿。例如，我国有学者利用该方法对云南城滇池流域的生态补偿做出研究，他们将污染划分为内源污染、工业污染、生活污水污染以及农业面源污染这四种，并分别测算出这四种污染的费用成本，进而得到相应的生态补偿金额。费用支出法的优点在于简单易操作，且较容易被人们接受。它的缺陷主要是以下两点：第一，它没有反映支付者的消费者剩余，因而不能真实反映环境服务的价值；第二，对于一些游客较少的游玩地点的价值，由于许多费用并不是为享受而支出的，因而消费者所支付费用中究竟哪部分可算作游玩休憩价值也一直存在争议。因此该方法无法反映其真实价值。

（四）支付意愿法

在补偿意愿方面，条件评估法和选择实验法是被运用得最多的两种方法。其中，条件评估法采用问卷调查的形式直接调查消费者，对消费者支付意愿直接进行了解，从而评价生态系统服务功能的价值。按照“经济人”的假设，消费者通常会选用一个较低的标准补偿，即花最少的钱来得到最多的服务。所以，支付意愿值可以作为流域补偿的下限来思考。这种方法受到了国内诸多学者的青睐，一些学者通过调查问卷询问上海市居民改善河流生态系统服务的支付意愿，从而估算出总的经济价值。还有一些学者选择天湖作为研究区域，并对支付意愿公示进行适当改良，然后核算出流域居民的最大支付意愿。而选择实验法则与条件评估法不同，它不仅扩大了实践范围，还以个人行为和选择模型为依托，间接计算出非市场产品的货币化价值，因而比支付意愿法更加严谨。国外学者就曾用这种方法对苏格兰地区居民的生态补偿支付意愿进行测算，结果显示多数居民都认为以收入税的形式进行生态补偿效果会更好。

三、生态补偿方式选择

生态补偿方式众多，按照不同的划分标准会有不同分类。这里按补偿实施主体将生态补偿方式划分成政府主导型补偿和市场主导型补偿两大类。

（一）政府主导型补偿

政府主导型补偿是以上级政府为补偿主体，以下级政府或群众作为补偿对象。它的目标是实现生态资源的可持续利用，同时这也是维系社会稳定、促进区域协调发展的基础。政府主导型补偿一般通过资金补偿、实物补偿、政策补偿以及环保基金支持这四种方式实现。

1. 资金补偿

这是最常见也是最直接的一种补偿方式。它最大的特点就是见效快，资金补偿可以通过多种途径实现，例如：缴纳补偿金、税收减免、政府补贴、转移支付等。其中，应用最为广泛的就是政府财政转移支付。财政转移支付是指上下级预算主体之间按照规定进行相应的资金转移行为。财政转移支付通常又可以分为中央财政转移给地方的纵向财政转移支付和地方政府之间的横向转移支付两种类型，包括我国在内的大多数国家实行的都是以纵向转移支付为主的转移支付体系，而德国等少数国家则是采用横向财政转移支付体系[①]。此外，采取资金补偿方式时，要注意拓宽资金来源渠道，同时注重资金分配过程中的科学性以及合理性，从而保证生态补偿效用的最大化。我国在构建长江中游城市群流域生态补偿机制过程中，便采用了财政转移支付的补偿方式，在实践过程中还需结合长江中游城市群的实际情况，并逐渐完善横向财政转移支付体系，让支付体系能够与生态补偿机制顺利衔接，促进流域生态补偿的顺利运行。

2. 实物补偿

它是国家为了保障保护环境的行为主体的利益而提供的实物支持。分为有形物质补偿和无形物质补偿两类。其中有形物质补偿主要是通

① 李宁．长江中游城市群流域生态补偿机制研究［D］．武汉：武汉大学，2018.

过高端人才、土地、粮食等具体物质进行补偿。例如，为了保护自然保护区而减少耕地的开发，从而降低当地农民的粮食产量，因此当地政府会给受到损失的农民提供一定的粮食作为补偿。这种补偿方式可以最大程度地降低补偿者损失的成本。无形的物质补偿是指提供技术培训和公共服务等。从长远来看，无形的物质补偿更有利于生态建设。因此，我们在未来的生态补偿实践中应当着重考虑这一补偿方式。

3. 政策补偿

政策补偿是政府根据生态环境保护需要，通过实施特殊政策对补偿客体提供一定的弥补。它主要包含政策倾斜和政策优惠两种方式。其中，政策倾斜指政府利用政策制定的优先权，制定出一系列创新型政策，同时对不同区域实行差别化管理，从而加快该区域经济发展、提升百姓生活水平的一种政策补偿方式。例如：增加当地财政转移力度、实施生态有限的政绩考核制度等。政策优惠指的是政府直接给受补偿地区及个人开通优惠政策的绿色通道，使受补偿地区得到实质上的公平对待。该补偿方式众多，如：贷款优惠、税收减免、利率优惠等。它对企业及个人保护生态环境有直接的刺激作用，能更加直观地提高大家保护环境的积极性。另外，生态移民也属于政策优惠的范畴。我国真正意义上的生态移民是从2000年开始的，国家及当地政府对满足生态移民标准的迁移户给予相应的移民补贴。据统计，从各级政府的实践情况来看，生态移民的户数约260万户，其中已稳定在迁入地居住的户数达241万，占到了移民总户数的92.7%，生态移民工程总体落实较好[①]。

（二）市场主导型补偿

市场主导型补偿指的是在进行生态补偿的过程中运用市场手段，将资源所具有的功能价值货币化、生态资源资本化，让环境要素的价格能真正反映它们的稀缺程度，通过市场交易来达到补偿效果。它的主体可以是市场交易中的任何人，可以是生态环境的供给者，也可以是生态环境的受益者，还可以是政府。但是政府在补偿过程中的地位

① 刘桂环，王夏晖，田仁生．生态环境补偿：方法与实践［M］．北京：中国环境出版社，2017.

与其他交易者相同，同时政府不能对其他交易者施加强制性措施。因而市场主导型补偿方式能与政府主导型补偿方式形成良性互补，是生态补偿发展的新动向。通常市场主导型补偿方式主要包含以下三种：产权交易、一对一交易以及生态标记。

1. 产权交易

产权交易是指在生态补偿过程中，通过交易生态资源的产权来进行生态补偿的一种方式。在产权交易市场建立以后，任何市场主体都可以按照卖家最低价与买家最高价达成一致时的成交规则进行环境产权交易。政府可以以卖家身份进入产权交易市场，通过收购或抛出资源产权的形式，简捷地对生态环境进行补偿。例如，1996 年，哥斯达黎加政府以 200 万美元的价格将 20 万个 CTO 单位（相当于抵消 2 万吨碳排放量）卖给了挪威政府。

而我国目前的生态补偿方式还是以政府主导型补偿为主，市场主导型补偿方式仍旧处于探索阶段。产权交易还存在着诸多不足，具体表现在两个方面：首先，我国尚未形成一个功能完备、机制健全，能够公开、公平、公正地进行产权交易的标准化产权交易市场，产权交易总体较为分散。其次，在产权交易过程中，政府和市场的界限尚不清晰，政府作为产权交易的参与者，在交易过程中稍不注意就会进行过多干预，往往还扮演组织者、交易者甚至仲裁者等角色。因此，为了产权交易的长远健康发展，应当让市场在产权交易过程中发挥其决定性作用，努力健全市场机制，同时规范政府行为，促进产权交易市场的市场化与合格性。

2. 一对一交易

一对一交易主要指补偿主客体通过中介或者直接谈判来实现生态补偿的一种市场补偿方式。它的特点是交易的双方基本是确定的，只有一个或少数几个潜在的买家，同时也只有一个或少数几个卖家。这里买家可能是某个地区的供水企业或某个灌溉区，卖家则可能是某个中小流域。交易双方通过直接谈判或者某一中介确定交易的条件以及金额。这个中介可能是政府部门也可能是非政府组织。

在我国，流域生态补偿的推进离不开政府的主导与支持。因此，一对一交易需要政府作为中介来完成，政府在交易过程中则充分发挥组织和监督作用，并提供相应的交易平台、制定交易法规、完善交易制度。我国最为典型的例子就是浙江东阳和义乌之间的水权交易，2000 年 11 月，东阳和义乌这两个市的水利部门达成一致意见后进行投票表决，在双方均获全票通过之后，在东阳举行了一个简朴而慎重的用水权转让协定签字仪式，协议要求义乌市一次性出资 2 亿元购买东阳横锦水库每年 4999.9 万立方米水的使用权，同时，转让用水权后水库原所有权不变，水库运用工程维护仍由东阳负责。

3. 生态标记

生态标记是对生态环境资源友好型产品进行特殊标记，提高该产品在市场交易过程中的经济价值，从而对补偿客体进行补偿的一种市场补偿方式。它是一种间接补偿，公众在消费该产品的过程中实际上是以超过一般产品的价格购买了附加在这些产品上的生态服务价值，这就相当于对生产这类产品所付出的成本进行了间接补偿，生态标记可作为一种创新政策工具加以利用。例如，欧盟在 1992 年出台了生态标签体系，其初衷是希望能把各类产品在生态保护领域中的佼佼者选出，并予以鼓励和支持，从而推动欧盟各类消费品贴上生态保护标签，使产品从设计、生产、销售到使用，直到最后处理的整个产品周期都不会对环境带来破坏①。而我国较为典型的案例便是农夫山泉，农夫山泉拥有浙江千岛湖、吉林长白山等多个水源地，为了确保水质，当地居民与公司达成协议：不在水源地发展经济。正是有了农夫山泉水源地居民的牺牲，才确保了今天农夫山泉的优良品质，所以我们才会看到在每瓶农夫山泉的瓶体包装上写着从每瓶水中拿出一分钱捐给水源地的标语。

四、生态补偿资金筹集

生态补偿机制作为一种制度化的经济手段，它的目的就是要调整生态环境保护者与受益者之间的经济利益，以此调动生态环境保护主

① 刘桂环，王夏晖，田仁生．生态环境补偿：方法与实践［M］．北京：中国环境出版社，2017.

体对于生态环保的积极性。利益调整就涉及相应的生态补偿资金，因此，生态补偿资金的筹集是建立和完善生态补偿机制的核心内容之一。目前，生态补偿资金的筹集方式主要有以下四种：

（一）征收水资源开发使用费

对于在直接开发、占用、利用和使用水资源的单位和个人收缴一定标准的费用，并在其中拿出一定比例的资金作为生态补偿的资金。该部分费用直接来源于水资源的使用价值，其费用的多少通常根据开发使用的水量、水质以及紧缺程度、所获利益的多少来确定。征收的水资源开发使用费主要用于水源区的生态服务功能的保护和管理，更好地促进生态补偿工作的开展。

（二）排污收费制度

排污收费制度是指向环境排放污染物或超过规定的标准排放污染物的排污者依照国家法律和有关规定按标准交纳费用的制度。征收排污费的目的是为了促使排污者加强经营管理，节约和综合利用资源，治理污染，改善环境。排污收费制度是“污染者付费”原则的体现，可以使污染防治责任与排污者的经济利益直接挂钩，促进经济效益、社会效益和环境效益的统一。此外，在征收排污费的同时，应当积极探索征收水资源生态税，从征收的生态税来获取流域生态补偿的基金，以满足国家提供公共物品和服务的能力需要，保证政府履行环保职能的财力需要。

（三）国家财政投入

政府对于生态补偿主要采用财政转移支付，在政府进行财政补贴、资金投入的过程中，要特别注重补偿的“输血”和“造血”功能的不同，在补偿的实施过程中按照“把握域情，因地制宜”的原则，合理有序地开展一系列的补偿工作。建立促进跨行政区的流域水环境保护的专项资金，重点支持流域上游地区的环境污染治理与生态保护恢复，并考虑流域内可能出现的突发性污染事件的赔偿。中央和地方相统一、相协调的基金保障，是建立流域生态补偿体系的有力保证。

（四）寻求国际援助

生态问题已是全球性的问题，整个人类社会是一个统一的整体，因此开展生态补偿工作也应当加强生态建设领域的国际合作，这也必将成为我国生态建设新的发展动力。我国积极争取国际社会的补偿资金有很大的发展空间，而现在比较紧迫的问题是在争取国际资金的过程中如何与国际惯例接轨，按照国际惯例办事，这就要求我们必须加强人才培养和制度体系建设，为争取国际支持创造条件。

五、生态补偿资金分配

生态补偿资金筹集好后，要将这些资金合理分配给各利益主体。因此，这里主要介绍一下生态补偿资金分配的相关概念、资金的用途、分配机制以及资金分配的基本原则。

（一）生态补偿资金分配的概念

生态补偿资金是指政府部门通过生态补偿机制，以财政转移支付、政府补贴、财政税收、国际社会捐款等方式获得的资金，这笔钱是用来补偿单位因保护生态资源而造成的直接损失和间接损失。它的最终目的是希望能激发保护生态环境的积极性，促进人与自然协调发展。生态补偿资金分配是指将资金合理分配给对生态环境改善做出贡献和牺牲的主体，具体包括：①进行生态建设的政府部门；②受排放标准限制，提高环保项目投资的各大企业；③在生态保护区内因排放限制而关停、搬迁的企业；④生态移民等。

（二）生态补偿资金用途

生态补偿资金主要用于对自然保护区以及水源地保护区的建设和维护。

依照耕地保护的相关规定，耕地保护生态补偿资金中的五分之一由政府商议使用，主要投放于当地农业基础设施建设，而另外的五分之四则由农村集体经济组织在村民议会同意后运用于以下方面：①农田保护，主要包括农田基础设施建设、农田生态环境建设、农田集约经营治理等。②改善土质，主要包括土壤有机物的提升、加厚耕作层、提高施肥技术、加强土地监控等。③农村医疗补贴，包括农村集体经济组织成员的医疗保险补贴等。

生态公益林的补偿资金用途则按照生态公益林资金管理办法进行

管理。生态公益林生态补偿金主要包括两块：一是损失补偿金；二是管理费用。损失补偿金主要用于监管生态公益林的所有者受益的损失，而管理费用则主要用于发放管理人员的工资，购置管理护理工具，宣传检查验收等管理性支出。

饮用水源地保护生态补偿资金主要用于相关水源的保护工程以及维护管理等，另外还有水源地保护区的企业和当地群众的异地搬迁安置性补偿、饮用水源地内的集体或私人物业的购买或租赁等费用。

（三）资金分配机制

生态补偿资金分配机制主要包含两部分：第一，制定补偿分配方案，即通过一定的数据收集，确定补偿主体应得的生态补偿资金数量，其中还包括分配方案的设立、分配公式的运用以及政府审批等步骤；第二，下发生态补偿资金，也就是按照之前起草的分配方案，报送至各地财政局，各地财政局进行汇总核算后再来确定补偿资金投放规模以及资金筹集方案和分配方案[①]。

生态补偿资金分配程序：①生态补偿资金的分配。由生态补偿实施小组依据当年的生态补偿标准制定相应的资金分配方案。报送至当地财政局，然后由当地财政局汇总以后确定资金发放规模、后续的资金筹集方案以及资金具体补偿资金分配方案。②分配方案公示。当地生态补偿资金通过当地政府网站、主流报纸刊物等新闻媒介进行公示，公示期不得低于 10 个工作日，且公示内容并不限于该地生态补偿资金分配依据和结果。③上级政府审批。方案公示没有异议后再报给相关政府部门审批。批复的项目资金分配方案须在当地政府网站、主流报纸媒介平台进行公布，五年内均可查阅。④生态补偿资金下拨。市财政局根据生态补偿方案，由省下拨生态补偿资金。然后再由县根据核定情况将补偿资金转至各补偿客体。

（四）资金分配原则

生态补偿资金分配必须符合公平合理、保护者受益、生态优先和

---

① 杜敏，周丽旋，彭晓春．基于行政区域统筹的生态补偿政策及应用模式［M］．北京：化学工业出版社，2015.

效益优先等原则①。

1. 公平合理原则

公平合理原则就是说在生态补偿过程中，各利益相关者的地位是平等的，它们之间相互利益的分割必须是科学合理的，公平合理原则是以每个利益相关者的权力不受侵害为前提，环境保护者或利益受损者对自己因保护环境而获得的补偿资金不会存在异议，他们因保护环境而造成的损失成本与获得的补偿资金是对等的，不会存在差别大、不平等的问题。同时任何一方都不会对另一方的应有报酬做出侵犯的行为。在整个生态资金分配过程中，各级政府做好充分的协调工作，确定好政府、企业以及当地居民的利益分配方案，以确保资金分配的公平合理。

2. 保护者受益原则

生态补偿资金保护者受益原则是指生态保护的行动者和劳动付出者必须得到生态补偿，这是对他们保护行为的肯定，同时也能激励更多的人为保护生态环境做出贡献。由于生态环境的公共物品属性，人们即便在不保护生态环境时也能得到好处，原本的生态保护者也会渐渐变为消费者或生态破坏者，这样整个社会会面临恶性循环的局面，整个生态系统的质量也会大幅度下降。这个时候，生态补偿就起到了关键作用，它使生态保护者获得了应有报酬，从而弥补因保护环境而造成的直接损失和间接损失，激励生态保护行为的持续性。生态保护者受益既是马克思劳动价值观的体现，又是将外部性内部化的经济理论实践，是流域生态补偿资金分配的重要原则。

3. 生态优先原则

生态优先原则就是说在生态管理保护过程中，把生态保护放在首要位置，在社会生态利益与其他利益发生冲突的时候要优先考虑社会生态利益，在满足社会生态安全的前提下再去平衡其他利益。一方面，生态保护与生态补偿必须把生态资源的保护成效作为前提，不得超额

---

① 胡仪元．流域生态补偿模式、核算标准与分配模型研究：以汉江水源地生态补偿为例［M］．北京：人民出版社，2016.

分配，比如河流越长，流域治理投入便越多，相应的生态补偿资金分配额度也越多；另一方面，生态保护以及生态资金分配的最终目的都是改善环境、实现人与自然和谐发展。因此，生态资源的保护成效既是生态补偿分配资金的前提和依据，也是生态补偿资金运行效率的考察依据。这是生态补偿资金分配的生态优先原则的真正含义所在。

4. 效益优先原则

效益优先是生态补偿资金分配的重要原则，它主要包括三方面的效益优先：一是生态效益优先。即生态补偿资金及其绩效考察必须以生态资源的保护效益为依据，给予保护效益高的单位更多的补偿资金。二是经济效益优先。生态补偿资金的使用必须是有效率的，要对生态补偿资金的利用效率进行考核评估，并做出相应激励。这与第一点类似。三是社会效益优先。也就是说该分配方案能促进社会的可持续发展[①]。

---

① 胡仪元．流域生态补偿模式、核算标准与分配模型研究：以汉江水源地生态补偿为例［M］．北京：人民出版社，2016.

第四章　国内外生态补偿机制的实践

生态补偿机制作为解决生态与环境问题的重要手段，日益受到国内外理论界和实践领域的重视和认可。通过梳理近年来国内外各主要领域的生态补偿实践，特别是流域生态补偿实践，总结其成功经验和有益做法，以便为我国流域生态补偿机制的实践提供帮助。

第一节　国外生态补偿实践

国外对生态补偿机制的研究和实践已超过半个世纪，实践领域也从早期的森林生态补偿延伸到流域、矿山、湿地、农业等多个领域，并取得许多成功范例。

一、国外生态补偿发展历程

国外对生态补偿政策的研究可以追溯到20世纪50年代，部分发达国家或地区尝试采用经济手段解决生态环境破坏问题，比如20世纪五六十年代，美国和德国的流域管理计划常被视为流域生态补偿机制的早期雏形。理论研究则始于经济领域中关于外部性的探讨，包括科斯概念下的生态补偿和庇古概念下的生态补偿①。科斯概念强调生态产品或服务的市场创建，认为市场机制本身能够完成环境资源的社会成本内部化，前提是存在明晰的产权制度和较低的制度成本；庇古概念则强调发挥政府作用，认为政府可以通过向负外部性征税或补贴正的

① 吴健，郭雅楠，余嘉玲，等．新时期中国生态补偿的理论与政策创新思考［J］．环境保护，2018，46（6）：7-12.

环境外部性等经济激励手段，来矫正私人收益与社会收益之间的扭曲，进而实现社会成本内部化，避免社会福利的损失。上述两类工具都是围绕形成有效率的直接激励机制，以实现保护与发展的最优均衡，但在激励机制构建上是采用市场自发形成还是政府主导构建则存在较大争议，由此催生了 20 世纪后期西方发达国家关于生态补偿主体及其行为选择的研究与实践，包括补偿的经济原因、市场化补偿途径和政府补偿政策制定等方面。

随着理论研究的深入，各国也开始针对性出台一些生态补偿政策。如德国 1976 年开始实施的生态补偿政策和美国 1986 年开始实施的湿地保护“无净损失”政策均对生态环境保护和改善起到良好的促进作用[①]。此后，生态补偿机制开始被各国广泛认识并付诸实践。

国外通常以环境服务支付（Payment for Ecological Services 或 Payment for Environmental Services）开展包括森林、流域等多领域生态补偿实践。发达国家或地区主要实行私有产权制度，资源所有权大多归私人占有，群众对自身产权的保护意愿十分强烈，这就为产权制度的完善和基于资源所有权而开展的生态补偿实践提供了坚实的制度基础，由此开展的补偿实践也必然强调对侵犯资源所有权而造成的价值损益进行赔偿或付费。同时，市场天然具有资源配置的优势，配合国外较高的市场化程度，这就为国外发挥市场机制的力量提供更大的可能，比如借助市场机制实现生态系统服务价值的市场化定价（典型的如排污权交易、生态产品标记制度等），或者通过协商谈判促成受益方与付出方达成契约关系，以便通过经济激励促进政府、私营部门和其他行动者相互合作，实现对生态问题的治理（典型的如一对一交易和慈善补偿等）。

总体而言，国外补偿实践强调流域生态系统分析、多种不同补偿原则的相互搭配、双/多边协商与多层次流域管理体系的构建等方面[②]。补偿实践存在大量政府主导，但主要是政府直接购买公共服务，市场

① 胡仪元．区域经济发展的生态补偿模式研究［J］．社会科学辑刊，2007（4）：123－127.

② 余慧容，郑钰，杜鹏飞．“一带一路”倡议下跨境流域生态补偿——国际经验与中国对策［J］．中国环境管理，2018，10（6）：69－74.

化补偿成效也十分显著。目前常见的四类补偿类型为政府直接公共补偿、限额交易计划、私人直接补偿和生态产品认证计划。

二、国外生态补偿重点领域

国外生态补偿实践重点集中在森林、流域、矿山、湿地、农业等领域。

（一）流域生态补偿

流域生态补偿是世界各国为应对全球的水危机和水污染而提出的，它是生态补偿理论和方法在流域领域中的具体应用。补偿实践主要针对水质、水量和洪水调控三个方面。补偿主体既可以是个体、企业或区域，又可以是政府。前者通常签署合作协议，强调个人、企业或区域因享受生态服务而付费，主要存在于范围不大的流域生态补偿实践；后者大多是国家通过立法、建立中间机构以及运用技术手段为生态补偿市场交易提供支撑，同时组织建立有效的协调与合作机制，以便对大范围或一些具有重要意义的生态区域进行国家支付购买[①]。

总的来看，由于补偿标准和补偿方式充分考虑利益相关者的意愿，因此少有因补偿标准低而导致的流域生态无改善或持续恶化的困境，补偿效果较好[②]。比如德国流域生态补偿机制最大的特点是资金到位、核算公平。资金支出主要是横向转移支付，通过一整套复杂的计算及确定转移支付的数额标准，由富裕地区直接向贫困地区转移支付，从而实现地区间公共服务水平的均衡，比较成功的例子是德国易北河流域横向转移支付生态补偿实现了保护与发展的双赢。

（二）森林生态效益补偿

早期的国外森林资源保护主要依靠政府强制监管，但容易加剧收入分配不均所导致的社会风险。后来美国、欧盟及瑞典等相继制定政策，由国家对因森林保护而给当地所有者造成的经济损失给予足额补

① 卢艳丽，丁四保．国外生态补偿的实践及对我国的借鉴与启示［J］．世界地理研究，2009，18（3）：161－168.

② 董正举，严岩，段靖，等．国内外流域生态补偿机制比较研究［J］．人民长江，2010，41（8）：36－39.

偿，森林保护政策由政府强制监管转入居民被动参与阶段。为扩大资金来源，随后又将市场机制引入森林生态效益补偿的定价之中，依据森林资源保护供给与需求情况，充分考虑森林资源保护者的受偿意愿，从而形成居民主动参与补偿的过程①。再后来，联合国等国际组织也陆续加入森林生态补偿实践，如欧盟 2006 年通过“五年森林行动计划”等②。

国外十分注重政府财政补偿与市场补偿相结合。补偿主体主要是森林生态系统服务的使用者和政府。其中，政府较多采用资金扶持、财政补贴、设立生态补偿基金、森林资产税收减免或对收益部门直接征税等方式促进森林生态建设与保护。市场协商机制则作为补充手段用来吸纳公众资金，如哥斯达黎加政府发行碳券，并给外国投资厂商发行为期 20 年的贸易抵消证明，以抵免企业在本国内需要减少的 CO_2 排放量等③。补偿重点是私有林，这主要与国外私有林所占比重较大有关，如德国私有林占比 46%，日本保安林中民有林占比在 50%以上④。补偿标准充分考虑森林资源保护者的受偿意愿，因此补偿标准较高，核算方法较为灵活，如美国采用成本分摊法，依据环境评价体系来确定补偿标准，同时引入竞争机制以确立与当地经济水平相适应的补偿标准⑤。

（三）农业生态补偿

国外主要是通过立法手段，建立起严格的休耕退耕制度，或对保护农田和农村生态环境的行为进行补偿。如 1986 年，美国国会通过的《食品安全法案》和“农夫条款”将农业补贴与环境保护联系起来，对不执行“水土保持计划”和“保护承诺计划”的农民取消政府的财政补贴。欧盟在 20 世纪 90 年代设立农业补偿基金，以缓解农业面源污

---

① 徐莉萍，赵冠男，戴子礼．国外市场机制下森林生态效益补偿定价理论及其借鉴［J］．农业经济问题，2016，7（8）：101－109＋112.

② 吴水荣，顾亚丽．国际森林生态补偿实践及其效果评价［J］．世界林业研究，2009，22（4）：11-16.

③ 王世进，焦艳．国外森林生态效益补偿制度及其借鉴［J］．生态经济，2011（1）：69－73.

④ 蔡艳芝，刘洁．国际森林生态补偿制度创新的比较与借鉴［J］．西北农林科技大学学报（社会科学版），2009，9（4）：35－40.

⑤ 王世进，焦艳．国外森林生态效益补偿制度及其借鉴［J］．生态经济，2011（1）：69－73.

染，同时征收垃圾税、水污染税、土壤保护税、地下水税、超额粪便税以及化肥税等，增加农业补偿资金来源，并借助农产品生态标记的手段增强农业生态效益。

从实践情况看，发达国家和地区很早就确立了公共财政体系，通过相对公开透明的预算决策制度，不断加大政府在农业生态补偿中的财政投入力度，并通过积极的环境保护政策，如实施超额粪便税等绿色税收制度，促进农民绿色化生产。只不过由于美国、欧盟，尤其是美国农业土地资源相对丰富，因此政府鼓励农民退耕和休耕，对农场主自愿退耕、有偿转耕、土地休耕行为进行生态补偿；而日本、韩国耕地面积较为稀缺，因此政府更强调减少化学生产资料的投入，加大对有机农业等环境友好型农业生产方式的扶持力度。

（四）湿地生态补偿

国外湿地保护政策经历了鼓励湿地利用、湿地保护与限制使用、“湿地零净损失”3个阶段[①]。为了重建和维持湿地资源、保护物种多样性，主要发达国家均出台环境立法、资源立法以及其他相关政策制度，以发挥湿地效益补偿机制的重要作用。典型的如美国联邦政府出台的《沿海湿地规划、保护与修复法》和《北美湿地保护法》等环境立法，《水资源开发法》和《鱼类和野生生物保护法》等资源保护法以及美国湿地银行制度、加拿大湿地保育制度等政策条例。

相关法律制度直接要求湿地生态效益补偿应实现“占补平衡”或“零净损失”目标，即保障湿地总面积不减，对占用或损坏湿地的主体，要求其开垦或重建与所占湿地面积相等的新湿地[②]，典型代表如美国湿地银行制度——要求湿地占用者必须从湿地银行购买“信用”（通常表现为湿地面积），以抵消对湿地造成的可能性损害。但更多是间接体现湿地生态效益补偿，包括对污染收费、对利益受到侵占者进行补偿、对那些破坏湿地的农场项目不给予政策扶持以及关于湿地效益的公共教育投资等方面。比如美国《食品安全法》（1985）制定了“沼泽地翻犁条

---

① 杨莉菲，郝春旭，温亚利，等．世界湿地生态效益补偿政策与模式［J］．世界林业研究，2010，23（3）：13－17.

② 宫本宪一．环境经济学［M］．朴玉，译．北京：三联书店，2004.

款”，规定将湿地转化为农田种植农产品的农民不能获得农业补贴。

（五）矿产资源开发的生态补偿方面

德国、美国等许多发达国家已经积累了许多成功经验。从实践内容上看，大多数国家普遍采取立法形式来确定矿产开发区生态治理责任主体，并对补偿方式、补偿资金等做了具体说明，有力推动了矿山生态治理与恢复。其中，美国是最早实施矿区生态修复的国家，1977年美国国会通过了第一部全国性的土地复垦法规——《露天采矿管理与土地复垦法》，首次将矿产开采与矿区生态补偿相挂钩，要求矿区开发企业建立生态保证金制度和矿区复垦抵押金制度。在补偿责任主体确定方面，美国和德国规定：立法前遗留的矿山生态问题由政府全责治理，开发者或使用者全权负责立法后的破坏修复工作。但在资金筹措上，美国主要通过设立基金来筹集资金，德国则采用中央和地方政府共同出资设立矿山复垦公司以具体负责矿区生态治理，其中中央出资75%，地方出资25%。

三、国外生态补偿实践案例

发达国家较早开展生态补偿实践，并在补偿主体、补偿方式、补偿标准核算及补偿资金筹集等方面积累许多成功经验，这里主要介绍6个典型的国外生态补偿成功案例。

（一）纽约市的清洁供水交易

纽约市曾因市区人口膨胀和上游水质恶化，导致市区用水关系紧张。为保障上游水源地供水质量，纽约市根据美国环保署《地表水处理条例》有关要求，决定同上游两大水系（卡茨基尔水系和特拉华水系）社区协商实施流域上下游清洁供水交易，并于1997年签署了《协议备忘录》。文件规定由纽约市和纽约州共同出资约5亿美元，用于开展上游水源地保护项目。补偿主体为流域下游受益的纽约市政府和市区居民，补偿对象为保护水源地的流域上游地区居民。补偿方式主要以项目投资的方式购买流域上游的生态环境服务。项目内容主要包括五个部分：一是实施流域农业计划，要求在流域范围内设立水体缓冲带和撤退区；二是实施水土保持与植被保护改良计划；三是实施征地计划，由纽约市协商购买流域生态敏感地带的农场主土地，并改造成乡间滑雪或徒步旅行区；四是政府和当地居民合作共建化粪池改造、雨水收集处理等环境基础设施；五是实施环境和经济伙伴计划，由纽约市成立“凯兹基尔未来发展基金”，为流域经济发展提供研究基金、贷款或补助。补偿资金来源主要由市区居民用水附加税、纽约市公债、信托基金和州政府转移支付四部分构成。通过上述举措，纽约市有效保障了上游水源区的供水质量，缓和了市区用水问题，同时促进了当地社会经济的发展，是政府主导模式下的水源地生态保护最成功的案例之一。

（二）德国易北河流域生态补偿

易北河是欧洲水运要道之一，河水流经德国注入北海，其中1/3河水流经捷克，2/3流经德国。但随着易北河沿岸工业区的密集建设，河水环境状况持续恶化，如20世纪80年代，易北河河水黄浊并伴随异味，水生物受污染严重，部分鱼类汞含量超标无法食用等，引发当地居民大规模抗议[①]。为保护河水生态，兼顾流域生态建设者与受益者之间的利益均衡，德国同捷克自90年代初达成友好协商协议，决定在易北河流域建立起横向转移支付机制，开展河水生态长期治理行动。

根据约定，易北河沿线富裕地区应向沿线贫困地区提供具有补偿性质的区域财政转移支付，德国与捷克就流域治理行动计划、监测、沿海保护等8方面成立双边专业合作小组，同时德国需在易北河流域建立7个国家公园，两国禁止在流域范围内200个自然保护区建房办厂等。随着时间推移及合作深化，两国关于易北河流域治理的长期目标不断提高并细化，如2000年前后，两国将原有的“长期改良农用灌溉水质量”“保持河流生物多样性”和“减少沿岸污染排放”等目标，调整细化为“使易北河上游水质经过过滤后能达到饮用水标准”“河内有害物必须达标”等[②]。转移支付资金主要源自企业与居民缴纳的排污费、政府财政拨款、研究津贴和下游对上游的经济补贴四个方面[③]，如

① 文辑．易北河污染严重［J］．交通环保，1982（3）：7.

② 任世丹，杜群．国外生态补偿制度的实践［J］．环境经济，2009（11）：34-39.

③ 胡仪元．流域生态补偿模式、核算标准与分配模型研究——以汉江水源地生态补偿为例［M］．北京：人民出版社，2016.

德国环保部出资 900 万马克在两国交界处建设城市污水处理厂等。资金分配包括两类：一是扣除划归各州销售税的 25%以后，余下的部分按人口直接分配给各州；二是财政较富裕地区按一定的补偿标准补助给贫穷地区。经过以上整治，目前易北河水质已基本达到长期饮用水标准，是德国横向生态补偿机制较为成功的案例之一。

（三）厄瓜多尔基多的水资源保护信托基金

皮晋查省的跨安第斯地区常年面临人口稠密而水源不足的状况，生活用水主要源自基多市的蓄水层，地区常年用水需求的缺口平均高达 40%以上，且随着境内水井状况的恶化和地表供水系统的不合理应用，该地水资源管理危机不断恶化。根据 1999 年基多都市区环境管理董事会编制的《圭拉班巴流域水质监测计划初步报告》内容显示：跨安第斯地区仅古比河水适用于各类生产生活使用，其他 10 个主要河流均存在细菌污染，无法或必须经过严格处理后才能使用。

为了解决上述水资源管理问题，基多市自然保护委员会、美国国际开发署和一个私人信托基金公司共同设立了基多市 FONAG 水基金会，作为执行供应都市区的流域和集水区保存与维护项目的一个财政机制[①]，即：基金会具体负责当地流域的生态保护，充当流域优质水源的提供者，用水群众等充当受益者需要购买生活用水。随着基金参与主体的增多，该基金的筹资渠道越来越多样化，有效满足了流域水环境治理中对稳定长效资金的需求，如早期基多市饮用水及污水管理局将销售水费中的 1%作为基金投入，此后基多市供电局和安第斯啤酒厂也陆续加入该供水计划，并注资成为该基金的会员。而受益者付费的群体包括城区居民、灌溉工程实施者、私营农场主、水电公司 GCJB、帕帕亚克温泉等机构或企业。

（四）法国 Perrier 矿泉水公司的市场协商交易模式

Perrier 矿泉水公司的水源地水质自 20 世纪 80 年代以来持续恶化，严重威胁公司生产经营。为了保护水源地水质，Perrier 同水源地农民

---

① 帕伯罗·约莱特．作为水资源保护及保存财政手段的信托基金——厄瓜多尔基多案例［EB/OL］．［2017－08－12］．http：//www. docin. com/p—59945315. html

协商签订水源地生态服务补偿协议。根据协议，Perrier 矿泉水公司作为补偿主体，将向上游水源区（莱茵河-默兹河流域）周边 40 平方公尺（40/9 平方米）的奶牛场及林业拥有者提供补偿资金，但要求农户或牧场主采取必要措施降低污染排放强度。补偿方式包括提供项目建设资金、购买土地、提供技术支持等。补偿内容及标准为：奶牛场场主必须根据协定有关内容控制其生产规模，减少牲畜粪便并对牲畜粪便进行标准化处理；严格监控杀虫剂的使用，减少谷物种植和化肥农药的使用量；农户因履行协约而造成的各类损失和风险由公司以费用补偿的形式承担，以保证农民的收入不降低，补偿标准是 230 美元/公顷・年。协约实施的最初 7 年，公司共支付补偿资金 15.5 万美元，同时为农户提供各类技术支持和农业设备支持，累计资金 2450 万美元。此外，根据责任划分，政府也承担了部分补偿费用，如国家农业部承担了 20%的研究费用，水管理机构承担了 30%的现代仓库建设和监管费用[①]，从而形成了以企业为主导的市场协商交易模式。

（五）美国湿地银行生态补偿制度

基于总量控制的原则和“404”法律条文许可，美国制定了基于湿地总面积不减少的湿地修复和湿地替代制度——湿地补偿银行，它是由一些专门从事湿地恢复或湿地建设业务的公司联合组建而成，通过将已建成或即将恢复的湿地面积按照一定标准存入湿地银行，然后借助类似于银行信贷的方式把具有良好生态效益的湿地出售给湿地破坏者，用以弥补那些被占用或遭到破坏的湿地效益损失。建立流程包括周详的初始计划，良好的选址，明确的地点设计，恰当的政府部门协调，专业的建设与评估，湿地银行的使用和湿地银行的后续管理与维护等七个方面[②]。目前，该制度已在美国各州大量推广并不断完善，湿地银行的数量、交易情况以及市场价格均在迅速发展，其中，湿地银行的数量由 1992 年的 46 家发展为 2012 年的 1221 家；具备存款点的湿地银行由 2001 年的

---

① 中国生态补偿机制与政策研究课题组．中国生态补偿机制与政策研究［M］．北京：科学出版社，2007.

② 胡仪元．流域生态补偿模式、核算标准与分配模型研究——以汉江水源地生态补偿为例［M］．北京：人民出版社，2016.

22 家发展到 2005 年的 59 家，增长 168%；各州根据自身实际制定不同的市场价格，如俄亥俄州是 16000 美元/存款点，新泽西州是 87000～150000 美元/存款点，伊利诺伊州是 35000～85000 美元/存款点等。

（六）哥斯达黎加森林生态补偿实践

国家森林生态基金作为哥斯达黎加国家生态补偿计划中的重要的一种，补偿涉及内容较为广泛，涵盖了温室气体减排、水文环境治理与修复、物种多样性保护和景观旅游价值增值等方面。而在管理方面，则主要采用森林保护合作、可持续森林管护以及植树造林等三大协约方式。其中森林保护合约是森林基金的主要投资对象，用于保护原始森林和次生森林，补偿标准以五年为一期，每期补偿 210 美元/公顷；其次是植树造林合同，资金使用约占基金总额的 13%，主要用于对农民退耕还林和抛荒造林的补偿，补偿标准同样是 5 年一期，每期 537 美元/公顷。目前，哥斯达黎加国家森林基金的筹措方式仍以国家财政投入为主，但私有企业协议入资占比有所增强，项目和市场化筹资方式存在一定比例。两轮实践结果显示，哥斯达黎加的森林生态基金取得明显成效，1995—2004 年国家森林基金累计投入约 9000 万美元，成功保护了 45 万公顷天然林，森林植被覆盖率也由 1995 年的 25%增加至 2000 年的 47%。

四、国外生态补偿经验总结

（一）国外生态补偿实践的特色

1. 围绕资源所有权损益开展生态补偿实践

私有产权制度是国外生态补偿的制度基础，补偿实践主要围绕资源所有权损益，强调对侵犯他人资源所有权而造成的价值损益进行赔偿或因享有他人供给的生态服务功能而付费。因此补偿实践特别关注资源占有者或生态服务供给者的利益诉求，尤其是土地所有者的受偿意愿，这直接催生了国外大量市场协商交易主导下的生态补偿实践，如法国 Perrier 矿泉水公司的市场协商交易、美国纽约市的清洁供水交易等。而在大范围或区域生态补偿领域，国外补偿实践尽管侧重选择政府主导或政府参与，但政府主要是向社会直接购买生态服务而非强制性行政干预，比如哥斯达黎加国家森林基金的筹措方式虽然以国家财政投入为主，但基金的具体运营则交由财政部下设的国有公司，公司采用标准的市场化经营，广泛吸收市场资金。

2. 将区域生态系统服务作为生态补偿的主要依据

草原、森林、湿地、流域等生态系统往往交叉存在于同一区域，协同提供各类生态系统服务功能，因此国际上一般将区域整体视作补偿单元，通过全面梳理该区域中各项自然、社会、经济组成要素，探讨各要素之间的相互作用以及组合结构，评估区域复合生态系统所具有的功能与服务价值，从而建立起保护和提升区域整体生态系统服务功能的生态补偿机制。比如流域是由山水林田湖草等构成的生命共同体，西方国家对于跨境流域生态补偿的实践管理已经逐渐从传统的单一对象管理（如水质）向基于生态系统的综合管理转变，并把经济发展、社会福利和环境的可持续性发展整合到决策与政策的框架之中[①]。

3. 注重建立多层次的综合管理体系

国外在具有大规模、大区域尺度特征的补偿实践中十分注重多层次综合管理体系建设，如国家森林生态补偿、跨境或跨流域生态补偿等。比如跨流域生态补偿不仅限于区域之间的利益权衡，更涉及具体省份、地方之间的博弈，因此西方国家侧重建立“国家—省级—地方”三个层面的协同管理体系，旨在为实现有效沟通管理、应对跨境污染突发事件和构建跨境生态补偿机制奠定基础。在国际层面，众多跨境流域都通过建立相应的双边或多边协议，成立协议执行委员会，多国共同管理保护，如欧洲成立莱茵河国际委员会（ICPR）专门负责管理和协调组织莱茵河保护计划，并内设由多种政府和非政府组织组成的观察员小组，以便根据协约统一监督落实各国工作计划[②]。在国家层面，澳大利亚成立墨累-达令河流域管理委员会，作为水资源开发配置、防止洪涝灾害与生态环境保护等一体化管理机构，而在跨州综合管理协调机构的约束与指引下，各州建立起各自相对应的水法案将各

① 刘艳红，黄硕琳，陈锦辉．以生态系统为基础的国际河流流域的管理制度［J］．水产学报，2008（1）：125-130.

② 王思凯，张婷婷，高宇，等．莱茵河流域综合管理和生态修复模式及其启示［J］．长江流域资源与境，2018，27（1）：215-224.

区域具体的管理问题进行细化，地方层面主要负责与当地的公众、利益相关者进行沟通及协同合作[①]。

4. 借助市场协商/签订协约提高补偿效益

市场协商/签订协约被认为是提高生态补偿效益的关键途径。许多国家经验证明，生态系统作为一个整体，中小范围的生态补偿，特别是中小流域生态补偿，能够依靠市场机制或协商谈判取得显著成效，如纽约市清洁供水交易和法国 Perrier 矿泉水公司的市场协商交易。而大范围生态补偿机制不可能由一个地区或一个部门建立起来，必须打破部门、地区、行业界限，建立有效的协调与合作机制。因此政府主导的双/多边协商被认为是解决跨境流域生态补偿的最优途径，而预防为主则成为国际跨境资源利用合作的共识[②]，比如德国与捷克就易北河生态补偿达成双边协议，通过横向转移改变地区间既得利益格局，实现了易北河水质改善，推动大范围的区域性合作，实现了利益共享、成本分担；《多瑙河保护公约》中明确将预防原则列为保护多瑙河水域所有措施的基础，并强调开发建设跨境污染预防与预警体系的重要性。

（二）国外实践主要经验

1. 强调立法保障

国外生态补偿实践，特别是主要发达国家均出台环境立法、资源立法以及其他相关配套政策制度，以保障生态补偿机制的有效运行。在尊重补偿方式的透明、开放、自由和灵活方面，国外提供了大量法律制度保障和相关政策配套支撑，保证补偿工作有序、有理、有节地开展[③]。

2. 注重政府与市场互补作用

国外生态补偿实践注重政府与市场互补作用。政府补偿是国外补偿实践的主要方式，但本质上属于政府直接购买社会生态服务，特点是政府通过制定带有补偿性质的经济环境政策，并负责实施或监督各

---

① 王秉杰．流域管理的形成、特征及发展趋势［J］．环境科学研究，2013，26（4）：452－456.

② 余慧容，郑钰，杜鹏飞．“一带一路”倡议下跨境流域生态补偿——国际经验与中国对策［J］．中国环境管理，2018，10（6）：69－74.

③ 樊万选，方珺．国外流域生态补偿对我国区域经济平衡协调发展的启示与借鉴［J］．创新科技，2013（10）：8－10.

类生态计划，包括生态补偿税、生态补偿费、保证金制度、财政补贴、信贷优惠、国内外基金等。比如纽约市为解决市民饮水安全对上游卡茨基河、特拉华河的林牧场企业提供近4000万美元的补助资金，用于改善作业环境和技术改造。市场补偿是借助市场机制对生态资源的所有者或保护者进行直接补偿，特点是注重生态资源的实施者和受益者通过协商谈判来确定具体的补偿方式与补偿数量，包括市场化运作模式（如排污权交易等）和生产产品标记制度两类。比如法国Perrier矿泉水公司与水源地农民协商达成水质保护协议，规定由公司提供230美元/公顷的经济补偿，相应要求水源地农民采取措施改善水源状况；欧盟实施生态标签制度，以高出普通商品价格的20%～30%的定价标准，有效提高了企业等保护生态行为的积极性。

3. 多种补偿原则与补偿方式相互搭配

污染者付费和受益者付费是国外最常见的两种补偿原则，前者存在落实难的问题，主要因为实际执行涉及面积太广、污染事件权责界定难度大和相关利益主体缺乏保护积极性等；后者存在补偿标准核算难、补偿资金筹集不足等困境，但其正向激励作用受到国际社会的重视，实践中两者往往综合出现在省际或私人部门之间的协议上①。国外生态补偿方式以政府直接购买为主，但也存在大量市场协商交易模式。按照补偿途径不同，可分为资金补偿、政策补偿、实物补偿和智力技术补偿四类。实践中，国外除了较多采用直接发放资金或间接补偿项目建设以外，技术协助和能力建设等“造血式”补偿也经常采用配合使用，以提高资源所有者的积极性。如法国Perrier矿泉水公司主导的上游水源地生态补偿实践中，除了对上游水源区土地拥有者提供项目建设资金、连续每年发放230美元/公顷的补偿资金以外，同时还为农户提供累计2450万美元的各类技术支持和农业设备支持。

4. 补偿标准注重生态效益

国外补偿实践根植于资源所有权的损益，补偿标准需要综合考

---

① 余慧容，郑钰，杜鹏飞．“一带一路”倡议下跨境流域生态补偿——国际经验与中国对策［J］．中国环境管理，2018，10（6）：69-74.

虑不同利益相关群体的利益诉求，尤其是土地所有者的受偿意愿，从而提高补偿实践的生态效益。补偿标准的核算一般依据资源保护供给与需求情况、机会成本以及资源保护者的受偿意愿，甚至相邻的两个区域之间的补偿标准差异，因此补偿标准相对较高，核算方法也相对灵活。如墨西哥、哥伦比亚、哥斯达黎加等拉美国家较多采用机会成本法确立补偿标准，补偿标准较高；美国采用成本分摊法，依据环境评价体系来确定补偿标准，同时引入竞争机制以确立与当地经济水平相适应的补偿标准；荷兰为补偿公路修建对周边生态环境的损害，会在邻近地区重建一块具有同等生态效益的项目；加拿大温哥华为避免因机场扩建而导致的对候鸟栖息与迁移等生态环境的影响，要求机场扩建者重新购买土地，并将其改造成草地和湿地①。

5. 补偿资金来源广泛

多元融资机制的建立是国外生态补偿资金来源广泛的重要原因，资金筹措渠道主要包括公共财政统筹和市场融资两大类。公共财政统筹是政府拨款或直接出钱购买生态功能服务，主要涉及各类资源的税费征收、政府补贴与投资、信贷激励以及各类生态基金、生态补偿保证金等，适用范围侧重于受益对象或责任主体不明确的领域，如湿地修复、森林培育、保护生物多样性等。比如大多数国家普遍开征专项治理各类生态环境的多种资源、环境等税费；德国通过绿色税制改革，构建了以能源税为主体，以电力税、交通税、排污税和资源税为重要内容的生态税费体系。市场融资是借助市场竞争实现生态效益的改善，主要涵盖自然资源所有权的让渡和交易、市场化协约的签订、收费、限额交易和区域合作等方面，如欧盟的生态标签制度以及法国 Perrier 矿泉水公司的水质购买协议等。此外，发达国家还积极采用多种措施争取公益机构以及国际组织等的补偿资金，比如 1996 年哥斯达黎加借助国际碳汇市场，成功获取 200 万美元的国际环保资金。

---

① 张志强，程莉，尚海洋，等．流域生态系统补偿机制研究进展［J］．生态报，2012，32（20）：6543－6552.

第二节 国内生态补偿实践

近20年来，我国生态补偿无论是在顶层设计、框架部署方面，还是在实践探索领域都取得了长足进步。

一、国内生态补偿发展历程

我国生态补偿的制度化探索始于20世纪80年代中期，政策制定则经历了起始、发展、全面实施和深入推进四个阶段[①]。目前，我国生态补偿制度的顶层设计框架已经基本建立，补偿范围和内容已由早期的单领域森林生态补偿，拓展至流域、草原、湿地、耕地等其他领域生态补偿，并逐渐转向重点生态功能区、生态保护红线区等的综合性补偿[②]。

起始阶段（1985—1998年）：该阶段不曾出台针对生态补偿问题的专门法律，补偿政策散见于多部国家环境或资源保护法律法规之内，主要为生态补偿实践提供部分法律依据。比如《中华人民共和国环境保护法》（1989）第十九条规定的“自然资源利用开发要对造成的生态环境破坏进行恢复”是“破坏者恢复”原则的法律基础；《国务院关于进一步加强环境保护工作的决定》（1990）首次明确“谁开发谁保护，谁破坏谁恢复，谁利用谁补偿”和“开发者利用与保护增值并重”的环境保护方针，是我国首次确定的生态补偿政策，有力推动了我国生态补偿政策在实践和法律层面的发展。

发展阶段（1999—2005年）：1998年特大洪水事件和2000年北方沙尘暴事件使得国家愈发重视生态保护，中央开始在林业生态补偿领域展开积极探索，启动了包括退耕还林、天然林保护等以林业为主的

---

① 刘桂环，王夏晖，田仁生，等．生态环境补偿：方法与实践［M］．北京：中国环境出版社，2017.

② 吴健，郭雅楠，余嘉玲，等．新时期中国生态补偿的理论与政策创新思考［J］．环境保护，2018，46（6）：7-12.

六大生态建设试点工程，并专门制定森林生态补偿法律条例，构建出我国第一个生态补偿制度——森林生态效益补偿制度。比如2000年中央在长江上游、黄河中上游地区启动退耕还林还草试点工作，同年将“防护林和特种用途林的经营者，有获得森林生态效益补偿的权利”明确纳入当年颁布的《森林法实施条例》；2004年国家出台《中央关于森林补偿效益补偿基金管理办法》在全国范围确立起森林生态补偿基金制度，此后森林生态补偿实践在全国范围内快速发展。

全面实施阶段（2006—2014年）：随着2005年中央首次明确提出“要加快建立生态补偿机制”，生态补偿理论与实践开始得到快速发展，补偿领域逐渐拓展到流域、草原、湿地、耕地等其他领域，补偿试点工作和地方自主实践也先后在全国大多数省份先后铺开。期间，生态补偿机制被人大代表和政协委员、政府工作报告、国家规划纲要等不断提及，原环境保护部、财政部、发展和改革委员会等部门也积极酝酿研究制定相关生态补偿政策。如国家2007年出台《关于开展生态补偿试点工作的指导意见》和2008年印发《关于确定首批开展生态环境补偿试点地区的通知》，确定了自然保护区、重要生态功能区、矿产资源区和流域水环境保护等四大生态补偿领域和六个先期试点地区；2010年国务院启动《生态补偿条例》立法工作；2013年将“实行资源有偿使用制度和生态补偿制度”纳入为我国生态文明制度建设的重要内容；2014年新修订《环境保护法》明确生态补偿的诸多问题等。补偿实践推进了补偿政策的不断完善，但补偿机制框架仍主要限制在区域或省域层面，如市、县两层流域生态补偿模式等，跨省、跨流域的生态补偿机制仍在艰难探索，相应的实践经验也十分匮乏。

深入推进阶段（2015年至今）：为进一步健全我国生态补偿机制的顶层设计框架，加快推进生态文明建设，2015年原环境保护部等多部门出台了《关于贯彻实施国家主体功能区环境政策的若干意见》，2016年国务院办公厅印发《关于健全生态保护补偿机制的意见》，提出“到2020年实现重点领域和重要区域生态保护补偿全覆盖，补偿水平与经济社会发展状况相适应，跨地区、跨流域补偿试点示范取得明显进展，多元化补偿机制初步建立”。此后，跨地区、跨流域补偿试点工作开始取得明显进展，补偿领域开始拓展至重点生态功能区、生态保护红线区等的综合补偿，补偿模式由纵向补偿、省内补偿拓展到跨省的横向生态补偿，补偿方式由单纯的资金补偿拓展到实物、技术、产业、政策等多元形式的补偿方式。

二、国内生态补偿重点领域

我国生态补偿实践集中在自然保护区、重要生态功能区、资源开发区和流域水环境保护等四个方面，重点领域包括流域、森林、草地、湿地、矿产和重要生态功能区（包括自然保护区）等（表 4－1）。

表 4－1　我国生态补偿实践进展情况

实践范围	初步试点		全面推行		相对完善	
流域						
重点生态功能区						
森林						
草地						
湿地						
矿产						
海洋						
耕地						

资料来源：政府相关网站资料及文献资料[①]整理所得。

（一）流域生态补偿

政策历程上，我国流域生态补偿源于早期的流域管理与项目规划，在经历初期理论探索、先期试点工作及经验推广以后，现已初步形成自下而上推广至跨省层面的流域上下游共保共治的生态补偿制度框架。国家层面上推动建立流域生态保护机制始于 2007 年《国家环境保护总局关于开展生态补偿试点工作的指导意见》（以下简称《意见》）的发布，《意见》首次将流域水环境保护纳入我国生态补偿工作的重要领

① 刘桂环，王夏晖，田仁生，等．生态环境补偿：方法与实践［M］．北京：中国环境出版社，2017.

域，并随后启动试点工作，标志着我国流域生态补偿实践向前迈出关键一步。此后，流域补偿实践开始在全国范围内快速推行。2011 年，原环境保护部与财政部联合颁布《新安江流域水环境生态补偿试点实施方案》，标志着我国跨省流域横向生态补偿取得关键性突破。2016 年财政部等联合新增九洲江、汀江—韩江等跨流域补偿试点工作，意味着我国跨省流域横向生态补偿实践迈上新的台阶。自此，我国省、市、县多层次流域生态补偿模式基本形成。

实践内容上，地方实践主要围绕水质改善、水量增加和防洪控制三个方面，形成三类补偿模式：一是基于水源地保护的流域生态补偿，主要通过国家或地方财政转移支付，推动水源地生态项目建设，并配合自主协商的市场化交易和开放贸易手段；二是基于水污染控制的流域生态补偿，主要是根据跨界断面水质标准及断面水质考核奖惩办法，定期监测出入境水质或污染物排放通量并计算补偿或赔偿金额，最终以各级政府间的纵向或横向财政转移支付，实现奖惩资金再分配；三是基于水资源短缺的流域生态补偿[①]，如 2000 年浙江东阳市一次性出资 2 亿元买断东阳市横锦水库每年 5000 万立方米的水资源永久使用权。全国流域生态补偿典型实践案例见表 4 - 2 所列。

表 4 - 2　全国流域生态补偿典型实践案例

补偿模式	补偿形式	流域
水源地保护	政府主导开展的项目补偿	福建省开展的九龙江、闽江流域上游水源地保护
		南水北调中线水源区
		北京密云水库水源地生态补偿
		德清县对县辖水库水源地补偿
	开放式贸易	上海市闵行区排污权交易
		嘉兴市开发区排污权交易
	市场化交易	曲江县水电公司补偿水源区农户
		浙江金华市与磐安县的园区合作
		小寨子河流域的水购买协议

① 刘世强．我国流域生态补偿实践综述［J］．求实，2011（3）：49 - 52.

（续表）

补偿模式	补偿形式	流域
水污染防控	省内流域上下游生态补偿	辽宁省辽河流域
		河南省全境流域生态补偿
		河北省子牙河流域
		山东省淮河流域
		江苏省太湖流域
		河南沙颍河流域
		广东东江流域
	跨省流域上下游生态补偿	跨省新安江流域补偿试点
		福建—广东：汀江—韩江流域
		广西—广东：九州江流域
		江西—广东：东江流域
水资源短缺	市场化交易	河北—天津：引滦入津沿线地区
		绍兴—慈溪水权交易
		东阳—义乌市水权交易
		宁夏供电站购买上游水权
	国家大型跨区调水工程	跨区调水工程对供水区的补偿

资料来源：根据知网文献和相关政府网站整理所得。

（二）森林生态补偿

从政策历程看，20 世纪末《中华人民共和国森林法》（1998 年）初步在国家法律层面明确规定了公益林经营者有获得森林生态效益补偿的权利。2001 年国家启动森林生态效益补偿试点范围，试点范围包括安徽、浙江等全国 11 个省（自治区）。2004 年，森林生态效益补偿开始在全国范围推行。根据国务院及国家发展改革委员会相关报告，2012 年我国超过 80％的省（市、自治区）已经正式建立起省级森林生态效益补偿基金，少数地区建立了市县级公益林补偿制度。

实践内容上，中央和地方政府作为我国森林生态补偿实施主体，并围绕森林分类经营，建立森林生态补偿效益基金，用于补偿具有重要生态效益林的建设和维护。补偿资金的使用和管理一般被纳入中央和地方政府财政预算，并根据公益林权属的差异，分类分级实施不同的补偿标准，且补偿标准呈递增趋势。从实践效果上看，我国自实施森林生态补偿制度以来，森林资源总量不断增加，森林资源质量不断提高，森林生态功能也得到进一步强化。根据美国国家航空航天局的数据①，2000—2017 年，中国对全球新增绿化面积的贡献约占世界的 1/4，其中有 42％应归因于我国大规模的植树造林。结合我国历次森林资源清查数据：2009—2013 年我国森林面积年均达到 2.1 亿公顷，森林覆盖率为 21.6％，较 1999—2003 年普查结果增长 18.7％。图 4 - 1 为全国森林面积与森林覆盖率统计图。

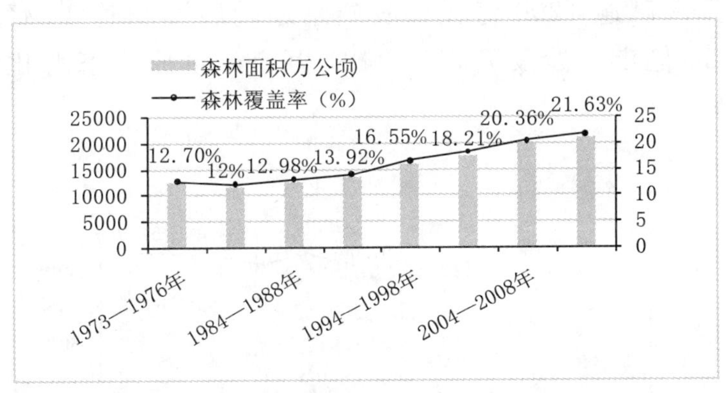

图 4 - 1　全国森林面积与森林覆盖率统计图

资料来源：根据全国历次森林资源清查数据整理，数据绘制选择前 8 次全国森林资源清查数据（1973—2013 年）。

（三）草地生态补偿

长期以来，我国草原不断退化，荒漠化面积不断增加，截至 21 世纪初，我国 90％的可利用天然草原不同程度地退化，退化面积仍以每

① 中国环境报．全球新增绿化 1/4 来自中国［EB/OL］．［2019 - 02 - 21］．https：//www.cenews.com.cn/news/word/201902/t20190221_893660.html

年200万公顷的速度递增[①]。对此，国家不断加大政策力度保护草原生态安全。“十二五”时期我国草原生态补偿机制开始确立并快速发展，特别是2011年财政部和农业部决定在全国13个主要草原牧区省份组织实施草原生态保护补助奖励政策，正式确立起了草原生态保护补助奖励机制。此后，草原承包、禁牧休牧等各项制度得到明显落实，各类草原保护工程不断推出，草原保护政策体系得到快速发展。

总体上，随着我国草原财政的补贴力度、生产性扶持措施和实施工程的项目数量及工程建设的督导检查等不断扩大或增强，草地资源和草地生态得到有效恢复，同时也带动了广大牧民的持续增收（图4-2、图4-3）。如2015年牧区、半牧区县农牧民人均纯收入为8078元，较2010年增长79.7%。此外，根据2018年国务院关于草原生态环境保护工作情况的报告，截至2018年2月，中央财政草原补奖资金投入已逾1200亿元，实施草原禁牧面积达12亿亩、草畜平衡面积26亿亩，涉及面积达2481万亩，草原生态恶化的趋势得到初步扭转[②]。

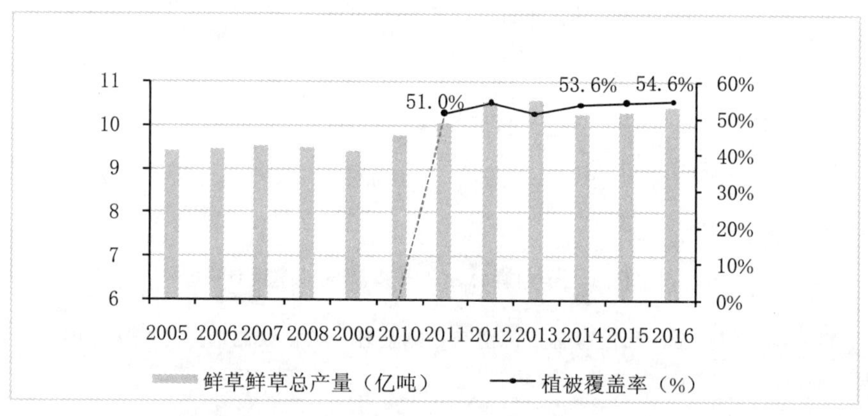

图4-2 我国历年草地鲜草产量与植被覆盖率

① 国务院. 国务院关于加强草原保护与建设的若干意见［EB/OL］.［2002-09-16］. http://www.gov.cn/gongbao/content/2002/content_61781.htm

② 韩长赋. 国务院关于草原生态环境保护工作情况的报告［EB/OL］.［2017-11-01］. http://npc.people.com.cn/n1/2017/1102/c14576-29622534.html

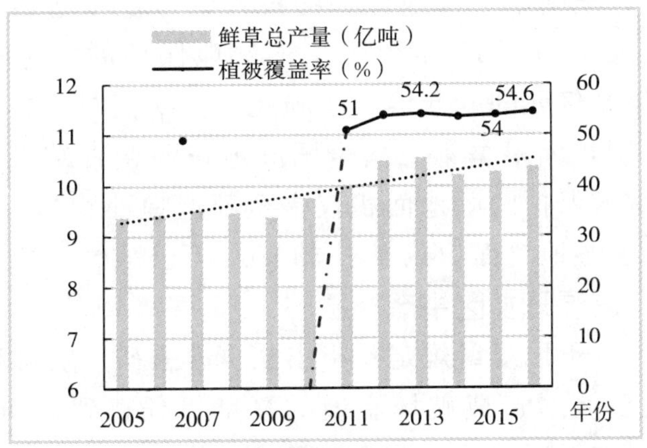

图 4-3　我国历年草地载畜能力及超载率

资料来源：历年《全国草原监测报告》。由于 2010 年以前的草原植被覆盖率数据缺失，因此没有在图表中显示出来。

（四）湿地生态补偿

自 1992 年我国正式加入国际《湿地公约》以后，国家林业局专门设立了湿地保护机构，并颁布实施了一系列针对湿地保护与恢复的政策措施，包括开展退耕还湿试点、湿地生态效益补偿试点和湿地保护奖励试点等。目前全国已形成由林业部门牵头组织、各有关部门协调配合的湿地保护管理体制。期间，国内许多省份也陆续开展湿地保护补偿试点，如广东省于 2006 年在国内率先出台《广东省湿地保护条例》，此后又陆续出台《湿地保护工程规划（2006—2030 年）》《广东省森林公园和湿地公园建设规划（2013—2017 年）》和《广东省湿地保护修复制定实施方案（2017）》。借助规划方案，广东推动了一大批与湿地保护有关的行业组织与企业的发展，注册企业数量由 1995 年的不足 300 家发展到 2014 年的近 16000 家，其中超过 2/3 的企业分布在园林和绿色行业。目前，广东省已建成森林公园 1516 个和湿地公园 224 个，其中 65%以上的湿地公园对外免费开放，免费生态福利涉及约 1.5 亿人次/年①。

---

① 陈俊光．广东省林业厅：今年力争免费森林公园达到千个［EB/OL］．［2018-03-28］．http：//env. people. com. cn/n1/2018/0328/c1010—29893476. html

总体而言，全国用于湿地保护的投入资金稳步增长，对湿地保护的力度不断加大，如2017年全国用于湿地保护的资金达到27.31亿元，是2009年5亿元的5.5倍。但湿地保护率依旧不高，湿地退化趋势尚未完全遏制，如根据第二次全国湿地资源调查结果（2009—2013年），目前已纳入保护的湿地面积仅占全部湿地面积的43.51%，对比上次调查：我国湿地总面积减少了339.63万公顷。

（五）矿产资源开发区生态补偿

从1989年《土地复垦规定》指出从事开采矿产资源生产建设活动的企业或个人负有对造成破坏土地的复垦责任，到2006年国家出台《关于逐步建立矿山环境治理和生态恢复责任机制的指导意见》，提出建立矿山环境治理和生态环境恢复责任机制，山西省等地在煤炭行业率先建立第一批矿产资源改革综合试点，开启了我国矿区生态补偿时代①。此后，国家发布《全国矿产资源规划（2008—2015年）》，决定全面实施矿山环境恢复治理保证金制度和完善矿产资源有偿使用制度，矿产资源开发区生态补偿实践开始在全国范围内铺开。

我国已初步建立起矿产资源开发生态补偿机制。补偿政策大体由土地复垦制度、矿产资源权益基金制度、矿山地质环境治理恢复基金制度、矿产资源税费与环境影响评价制度等五大类环境保护政策构成，但主要以煤炭资源开发区环境保护政策居多②。

三、国内生态补偿实践案例

（一）京津冀水源地项目补偿

为改善官厅、密云水库水质状况，保障北京市用水安全，21世纪初，北京市积极同上游承德市和张家口市开展水库水源地生态补偿实践。补偿主体是国家和北京市政府，补偿对象包括保护上游承德市和张家口市两市政府以及部分农民。标志性文件包括《21世纪初首都水

---

① 朱燕，王有强．中国矿产资源开发生态补偿制度研究．安徽农业大学学报：社会科学版，2016，25（4）：21－24.

② 李斯佳，王金满，张兆彤．矿产资源开发生态补偿研究进展［J/OL］．生态学：1－11［2019－05－04］．https：//doi.org/10.13292/j.1000－4890.201905.006.

资源可持续利用规划》《北京市与周边地区水资源环境治理合作资金管理办法》（2005 年）和北京市同河北省签署的《关于加强经济与社会发展合作备忘录》（2006 年）等。实践内容分为两类：一是由中央或北京市提供转移支付资金，用于支撑上游项目建设；二是开展产业项目投资等区域经济合作，弥补上游地区的发展机会成本，如北京市向张家口进行产业转移，仅在 2006—2007 年便累计落户项目 351 项，到位资金 81.3 亿元[①]。实施成效：近些年密云水库水质处于国家地表水Ⅱ类标准（表4－3）。

表 4－3　津冀水源地项目补偿实践成效

年份	2008	2009	2010	2011	2012	2013	2014	2015	2016	2017	2018
潮河（密云水库入口）	Ⅱ	Ⅰ	Ⅱ	Ⅱ	Ⅱ	Ⅱ	Ⅱ	Ⅱ	Ⅱ	Ⅱ	Ⅱ
永定河（官厅水库入口）	Ⅰ	Ⅲ	Ⅲ	Ⅲ	Ⅱ	Ⅰ	Ⅱ	Ⅱ	Ⅲ	Ⅱ	Ⅱ
洋河（官厅水库入口）	劣Ⅴ	劣Ⅴ	Ⅴ	劣Ⅴ	Ⅴ	Ⅲ	劣Ⅴ	Ⅲ	Ⅲ	Ⅱ	Ⅲ

资料来源：中国环境监测总站。

具体内容包括：一是组建京张、京承水资源环境合作协调小组，展开对口支援，约定北京在 2006—2010 年持续提供资金 1 亿元，用于支持张家口市的有关县区开展生态治理项目；二是组建人工增雨作业网，形成全天候作业体系，保证水库安全需水量；三是在上游潮白河水系实施水稻改种玉米的“稻改旱”节水工程，补助标准为 550 元/亩，有效节省大量水量（每亩节水约 500m^3）；四是围绕水源地保护林建设由北京出资 1.5 亿元，用于建成水源地保护林 20 万亩（即 500 元/亩的补助标准）。

（二）三江源水源涵养区生态补偿

为缓和三江源地区保护与发展的矛盾，国家作为三江源水源涵养

① 刘桂环，文一惠，张惠远．基于生态系统服务的官厅水库流域生态补偿机制研究［J］．资源科学，2010，32（5）：856－863.

区的生态补偿主体，对涵养区生态保护做出贡献的企业、团体或个人进行补偿；补偿范围涵盖封山育林、退牧还草、黑土滩治理、后续产业发展、生态系统监测与保护等20多项建设补偿内容[①]。补偿手段主要是国家项目补偿和资金补助。

具体内容：一是根据国家批准实施的《青海三江源自然保护区生态保护和建设总体规划（2005—2013）》，由国家投资75亿元启动三江源生态保护和建设一期工程（22个）。二是根据2013年国家新通过的《青海三江源生态保护和建设二期工程规划》，将治理范围扩大至39.5万平方千米。三是根据青海省政府《三江源生态补偿机制试行办法》，从推进生态保护与建设、提高农牧民基本生产生活水平和提升基层政府基本公共服务能力三个方面建立补偿政策。四是其他具有补偿性质的国家级工程建设，如2015年中央审议通过的《中国三江源国家公园体制试点方案》，决定建立三江源地区国家公园，包括长江源、黄河源、澜沧江源三个分园区（即“一园三区”）。

成效：目前三江源地区已经初步遏制生态系统退化的趋势，生态服务功能不断凸显。其中监测断面水质长期维持在Ⅱ类以上，水资源总量较2004年增加约141亿立方米；草原植被覆盖度提升13.6％，森林覆盖率升至7.43％，黑土滩治理区植被覆盖度增至80％以上，草地、森林和土地生态系统恶化趋势得到初步遏制；实现地区旅游总收入79.48亿元，当地农牧民人均可支配收入增至7300元/年[②]；“一园三区”建成“一户一岗”制，安排生态管护员17211人，实现户均年收入增加21600元[③]。

（三）青岛市崂山水库水源地生态补偿

坐落于国家级风景旅游区的青岛市崂山水库，是青岛市区生活饮用水的重要来源，但随着周边制造业及旅游业的不断增加，水库水质

① 卢海，吴忠．青海省倾力建立长效稳定的三江源生态补偿机制［N/OL］．青海日报［2012-12-27］．http：//www.qh.gov.cn/zwgk/system/2012/10/27/000126526.shtml

② 王梅．三江源生态保护和建设一期工程成果丰硕［EB/OL］．［2016-09-13］．http：//qh.people.com.cn/n2/2016/0913/c182775—28993467.html

③ 宋明慧．青海发布《三江源国家公园公报（2018）》［EB/OL］．［2019-01-30］．http：//www.gov.cn/xinwen/2019—01/30/content_5362208.htm

不断恶化，并威胁市区饮用水安全。对此，青岛市按照“受益者补偿”的原则，认定崂山水库区内搬迁农民与停产的企业为补偿对象，补偿主体则以青岛市和崂山区两级政府为代表。实践中，一是崂山区政府耗资百万元在沿河主要村庄密集投建小型污水处理设施，并借助污泥堆肥再处理技术，实现了净水、节水的双赢；二是耗资千万元建成农村生活垃圾收集、处理、再利用的生态化管理体系，有效降低居民生活垃圾污染负荷；三是引导当地生态农业与生态旅游业协同发展，如斥资千万建成凉泉村约 5.3 公顷的有机茶园；四是市区两级政府设立专款，按每年每人 500～700 元的标准对受损农民进行直接补偿，配合提供各类生态岗位。通过实施以上措施，青岛市显著促进了水库区生态与经济社会的协调发展。

（四）上海市排污权交易/东阳-义乌市水权交易

排污权交易通过增加企业排污权剩余出售量获得经济回报或补偿，旨在激励促使企业缩减污染排放。上海市率先在闵行区开展排污权交易，将水污染权无偿分配给市区企业，并允许水源保护区的企业之间可以调剂和转让污染权。1987—2000 年，上海市累计实施排污权交易 37 笔，共完成交易金额 1391 万元。实施成效表明，排污权的交易有力地推动了闵行区高污染、低效益企业的退出与高效益、低污染企业的入驻。

20 世纪 90 年代，为解决水资源长期短缺问题，浙江省义乌市决定向东阳市购买横锦水库水资源使用权，并于 2000 年协商签署水权转让协议。根据协议，义乌市出资 2 亿元直接永久性买断东阳市横锦水库每年 5000 万立方米的水资源使用权，并自行规划和投资建设引水管道工程；作为回报，东阳市开展境内水利工程，保障水库水质。协议实施以来，东阳市横锦水库水质常年达标，义乌市用水紧张问题基本解决。

（五）浙江金华与磐安异地开发模式

磐安县曾是浙江金华市辖区内的一个山区县、贫困县，长期担负着下游钱塘江、瓯江和曹娥江的水源供给功能，生态保护与经济发展的矛盾十分突出。为保护水源并兼顾地方经济发展，1995 年金华市启动实施“造血式”扶贫，双方就园区合作达成一致协商。协商内容主要包括：由金华市在当地工业园区内划出一块土地（3.8平方千米），设立金磐扶贫经济技术开发区，用作磐安县异地开发脱贫的一个工业基地，基地所得税收由金华市全额返还给磐安县；相应地，磐安县被要求拒绝审批污染企业，并开展水源地生态保护，保证其境内水质好于Ⅲ类水质标准。实践证明，该异地开发模式缔造了生态保护与经济发展之间的“双赢”。2017年金磐工业开发区已有工商企业1000多家，累计实现工业销售产业297亿元，贡献地方财政35亿元，拉动磐安县1/3的经济增长。与此同时，磐安县森林覆盖率升至80.14%，全境断面监测水质长期好于Ⅲ类水质[①]。浙江金磐园区通过异地开发模式，逐渐形成以技术、产业为纽带的自我发展机制，成功地将外部补偿转化为自我积累和自我发展的能力。

（六）江苏太湖流域生态补偿

21世纪初太湖流域水质显著恶化，大面积蓝藻暴发，长期威胁周边城市用水安全。对此，江苏省决定在省辖太湖流域实行流域生态补偿机制，并相继出台《江苏省政府办公厅关于印发江苏省环境资源区域补偿办法（试行）》（2007年）和《江苏省太湖流域环境资源区域补偿资金使用管理办法（试行）》（2011年）等政策文件。2014年以后，江苏省将太湖流域生态补偿实践经验在全省推广。江苏太湖流域生态补偿机制主要内容见表4-4所列。

表4-4 江苏太湖流域生态补偿机制主要内容

补偿地区	2007年初：南京、无锡、常州和镇江四个市辖水域；2009年推广至省辖太湖流域；2014年推广至全省水环境区域
补偿原则	由2007年“单向补偿”原则，调整为2014年的“双向补偿”原则，即对水质未达标的市、县予以处罚，对水质受上游影响的市、县予以补偿，对水质达标的市、县予以奖补
补偿主体	流域上下游各设区的市、县人民政府

① 杨莹萍．扶贫路上的“飞地之花”——“扶贫飞地”金磐经济扶贫开发区的前世今生［EB/OL］．［2018-12-20］．https：//www.jinhua.com.cn/app/news/folder338/2019—01—11/445801.html

（续表）

补偿责任与分担	2007—2013 年补偿责任由水量、水质共同确定，后来综合考虑到水量因子对补偿资金的过大影响与部分地区的经济承受能力，2014 年以后仅根据断面水质情况确定补偿责任
补偿方式	资金补偿为主：根据断面水质或入湖断面水质超标情况，确定奖补资金。断面水质标准根据国家和江苏省太湖治理工作每年调整
补偿因子及补偿标准	2007—2013 年：COD 1.5 万元/吨、氨氮 10 万元/吨、总磷 10 万元/吨 2014 年以后：调整为氨氮、高锰酸盐、总磷污染物指数超标倍数。①水质考核不达标：水质超标倍数≤0.5 倍，月补偿基数为 50 万元；0.5 倍＜水质超倍数≤1 倍，月补偿基数为 75 万元；水质超倍数＞1 倍上，月补偿基数为 125 万元。②水质考核达标：省财政或下游反向补偿上游地区，反向补偿上限为每月 20 万元/断面。同时，省财政厅根据各断面水质连年考核达标情况，实施 50 万元～150 万元不等的奖励资金
补偿资金核算	2007—2013 年采用补偿资金为各单因子补偿资金之和，单因子补偿资金＝（断面水质指标值－断面水质目标值）×月断面水量×补偿标准。 2014 年以后则直接根据污染物超标或达标倍数确定惩奖资金
补偿资金来源、管理、使用	来源：各级政府之间的财政转移支付。 管理：补偿资金暂交省财政厅，实行资金单独计账，按期接转，集中支付，专款专用；对不按期缴纳罚款的地区，直接取消省级环保专项基金。 使用：重点用于对补偿断面水体环境产生直接影响的水污染防治项目
补偿成效	2007—2017 年太湖年平均水质长期稳定在轻度富营养化，水质达标率较好

资料来源：根据江苏省政府官网文件、《2017 江苏省环境状况公报》和相关内容[①]整理所得。

（七）河北省流域生态补偿

河北省属于水资源极度短缺地区，人均水资源和亩均水资源仅为全国平均水平的 1/7 和 1/10，同时境内水质大面积恶化，河北省生态环境公报显示：省内全流域断面水质达标率由 2006 年的 50.4%持续降至 2010 年的 33.6%，而劣Ⅴ类水质则由占比 30.5%升至 47.2%。为保护境内水资源，河北省决定从无到有探索建立流域生

① 杨伊菁．江苏省流域生态补偿模式与改进对策研究［D］．南京：南京理工大学，2017.

态补偿制度。

初期试点始于河北省境内水污染最严重的子牙河流域。2008 年河北省政府发布《关于在子牙河水系主要河流实行跨市断面水质目标责任考核并实行扣缴生态补偿金政策的通知》，明确在石家庄、沧州等 5 个市 48 个县开展试点工作；补偿主体和对象为相应的市县政府；补偿原则是“谁污染谁付费、谁破坏谁补偿”；补偿方式是基于 COD 目标考核，实行补偿资金扣缴政策；扣缴标准：根据出入境 COD 浓度，补偿资金与浓度超标幅度成正比，见表 4－5 所列。特别地，跨界断面水质标准根据国家和河北省主要污染物总量削减目标进行确定，扣缴资金暂先交由省财政，年末终算时一并扣回。政策实施以来，子牙河流域 COD 浓度、氨氮浓度显著降低，分别由 2007 年的 18.7mg/L、210.3mg/L 显著降至 2017 年的 5.0mg/L、23.6mg/L。子牙河水系氨氮和化学需氧量浓度变化和全省河流水质比例变化情况如图 4－5、图 4－6 所示。

表 4－5　子牙河流域补偿资金扣缴标准

类别	超标倍数	≤0.5 倍	0.5～1 倍	1～2 倍	大于 2 倍
入境达标、出境超标	每次扣缴/万元	10	50	100	150
入境超标，出境浓度增加	每次扣缴/万元	20	100	200	300

资料来源：根据子牙河补偿资金扣缴政策整理所得。

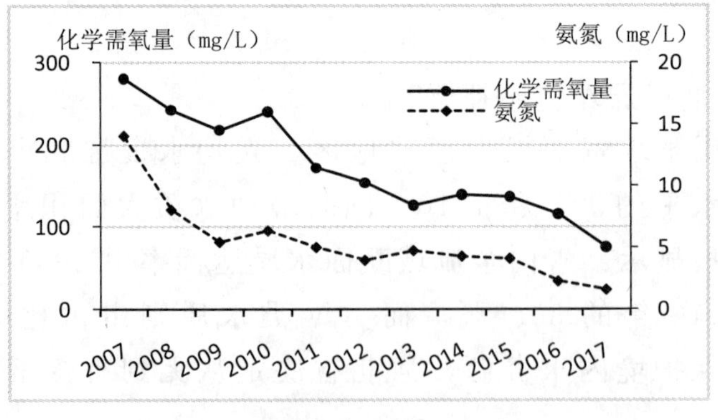

图 4－5　子牙河水系氨氮和化学需氧量浓度变化

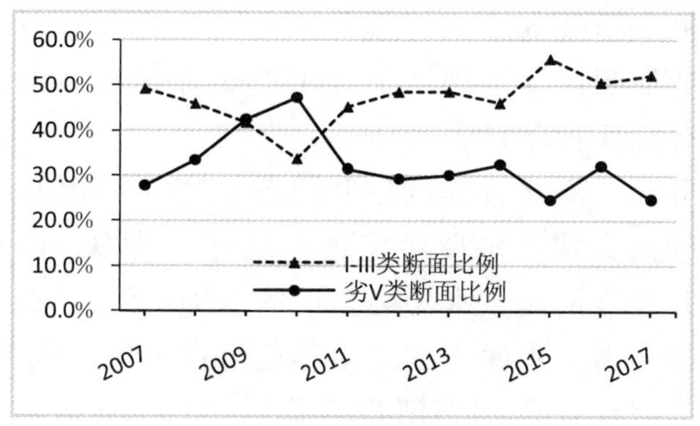

图 4－6　全省河流水质比例变化情况

资料来源：历年河北省生态环境状况公报

（八）引滦流域上下游横向生态补偿

引滦入津工程是 20 世纪 80 年代启动实施的大型跨区调水工程，主要从河北省潘家口水库和大黑汀水库取水，旨在保障天津市用水安全。但为了解决受工程修建直接影响的库区居民的移民生计问题，当地库区居民大力发展网箱养鱼，最终引发库区水体富营养化等水环境污染问题，严重影响天津可持续用水。为统筹解决上游库区发展与下游用水安全的矛盾，河北省与天津市于 2016 年签署《关于引滦入津上下游横向生态补偿协议》。

根据协议补偿方案，引滦入津流域横向生态补偿机制的补偿主体主要是国家与天津市，补偿对象以河北省政府为代表。补偿原则坚持“谁污染谁治理，谁受益谁补偿”。水环境补偿资金分别由河北省、天津市政府每年各自出资 1 亿元共同构成，中央则依据考核目标完成情况确定每年最高 3 亿元的奖励资金，奖励资金采取先预拨、后清算的方式拨付。因此，若按水质考核全部达标计算，引滦入津上下游横向生态补偿资金 3 年累计总规模为 15 亿元。考核目标采用单因子评价法，要求入津的黎河、沙河 2 个跨界断面 pH 值、高锰酸钾指数、化学需氧量、氨氮和总磷年均浓度均达到《地表水环境质量标准》（GB 3838—2002）Ⅲ类水质标准，且 2016 年、2017 年、2018 年月监测结果水质达标率分别达到65%、80%、90%。补偿资金主要用于上游省市和引滦输水沿线的生态环境保护和污染防治项目，包括水环境综合整治、农业面源污染治理、重点工业企业污染防治、取缔网箱养殖等数十个水环境保护项目。

实施成效方面，河北省连续三年足额获得中央财政奖励资金9亿元，水质目标圆满完成，水质状况越来越好。其中，由于网箱养鱼清理工作是统筹开展滦河流域水污染整治的基础，河北省从2016年下半年开始，切实强化潘大水库库区网箱养鱼清理工作，截至2017年上半年，河北省潘大水库库区网箱清理工作已全部完成，共清理网箱近8万个，出鱼8500万公斤，费用投入9.92亿元①。

四、国内生态补偿经验总结

（一）国内生态补偿实践的特色

1. 坚持政府引领，强调规划先行

政府主导型生态补偿是我国目前主要的生态补偿方式，在实际操作中，政府既是生态补偿资金的支付者、管理者和接受者（地方政府）的综合体，又是整个国家生态补偿制度的建构者、践行者，也就成为整个生态补偿体系的核心力量和主导力量。因此有必要发挥好政府规划引领的关键作用。比如在当前流域生态补偿实践中，政府通过制定规划或暂行办法，启动重点地区流域补偿试点工作，试点地区根据实际情况制定具体落实政策与保障条款，主要是政府根据流域水污染防治规划、污染物排放总量控制规划（或上下游政府达成的跨界断面水质目标协议）确定跨界断面水质目标，并依据跨界断面水质达标程度（或污染物排放总量），核定生态补偿和污染赔偿金，促进流域水环境的改善与流域可持续发展②。

2. 注重模式创新，鼓励自主探索

我国仍处于生态补偿理论和补偿实践上的探索阶段，因此中央自

---

① 王宁，李亭，刘桃熊．京津冀跨区域生态补偿试点显成效［EB/OL］．［2019-09-19］．https://baijiahao.baidu.com/s?id=1612044993794597630&wfr=spider&for=pc

② 石广明，王金南．跨界流域生态补偿机制［M］．北京：中国环境出版社，2014.

上而下地建立生态补偿机制的顶层设计，同时鼓励地方大胆探索，注重模式创新。一是尊重多元化补偿方式的探索，在政府资金补偿与项目补偿的基础上，鼓励地方积极探索市场化补偿方式，如水权交易、排污权交易、异地合作等，旨在通过资金、实物、技术、产业、政策等多元形式补偿，促进当地形成造血机能与自我发展机制。二是鼓励地方由早期“使用者付费”的“单项补偿”原则，积极转向采用“使用者付费，受益者补偿，保护者收益”的“双向补偿”原则，从而通过提高补偿标准形成有效的行为激励。三是主张地方探索多元融资机制，有效争取来自政府、企业、社会公众、公益机构以及国际组织等多方面的补偿资金，突破以往仅靠政府财政补助而导致的资金不足等问题，提高生态补偿资金的统筹使用能力。四是提倡探索资金高效化利用机制，发挥有限资金的最大化生态效益。

3. 重视环境监测，强化智能监管

环境监测是生态保护补偿与环境损害赔偿的基础支撑[①]，而监督管理则是落实生态保护与建设的制度保障，其中资金管理更是直接关乎补偿实践成败的最关键因素。从补偿实践来看，国内各地均十分重视建立和完善环境监测预警体系，特别是在跨域生态环境检测领域。21世纪初，国家出台政策，明确要求在全国主要河流全面建立交界面断面水质监测机构，江苏、浙江等地率先利用在线监测与遥感监测技术，在重点流域建立起先进的水质预警监测系统。伴随信息科学技术的迅速发展，特别是近年来物联网、云计算、大数据及智能化技术的快速崛起，我国监管手段智能化、监管方式生态化、监管机制一体化的趋势十分明显[②]，监测系统自动化、信息化、智能化的特征愈发明显。目前，国家环境部门正积极整合监测资源，通过建立共享平台，杜绝部门监测站重复设立、各自设点等资源浪费行为，有效提高了环境监测效率和检测能力。如2019年国务院办公厅正式开通“互联网＋督查”小程序，强化了线上了解情况听取建议、线下督查整改推动落实的

---

① 沈满洪，魏楚．完善生态补偿机制研究［M］．北京：环境出版社，2015.

② 王礼先．流域管理学［M］．北京：中国林业出版社，1999.

功能。

（二）国内主要经验

1. 补偿原则强调激励型约束

补偿原则是生态补偿机制制定实施的基本遵循，主要根据不同主体在特定生态保护/破坏活动中的责任、地位加以确定。我国综合采用两类补偿原则：一是基于对生态破坏行为的约束，主要是针对行为主体对公共生态环境资源的单方面占有和使用所可能损害的生态系统服务功能退化进行约束，强调“使用者付费”或“破坏者恢复”原则，适用于区域性生态问题责任的确定以及耕地占有、林木采伐、矿产开发等资源与生态要素管理方面，该原则零星地散落在20世纪90年代国家多部环境和资源保护的法律法规之中；二是基于对生态保护行为的激励，强调生态系统服务功能的受益者应该对生态环境服务功能提供者支付相应的费用，或对生态建设的保护做出贡献的集体和个人所投入的直接成本和丧失的机会成本给予补偿和奖励，即遵循“受益者付费”或“保护者补偿”的补偿原则。目前，我国流域生态补偿综合应用上述两类补偿原则，但补偿越发重视激励型补偿原则的使用。

2. 补偿主体、补偿对象单一化特征明显

限于国内市场发育尚不成熟，我国中央政府及各级地方政府仍作为各领域生态补偿的主体。其中，对具有重大生态功能和社会效益的区域或流域，一般以中央政府作为补偿主体，地方政府具体负责各类生态建设与保护，如三江源水源地项目补偿实践；而对范围不大的区域或流域生态补偿，一般由地方政府承担生态补偿主体，如北京市官厅与密云水库水源地的生态补偿等。补偿对象理论上应涵盖政府、个体、企业或区域等利益相关群体，但实践中政府往往作为主要补偿对象，实施各类生态项目建设。以流域生态补偿为例，上下游政府往往同时承担生态补偿主体与补偿对象，针对污染矛盾主要特点，优先补偿水生态服务的经济、社会功能，包括污染防治和水量供给等补偿。但受制于补偿资金缺口较大，现有补偿资金主要被政府用于各类生态项目投资，少部分直接补偿给流域受损居民，用于企业的补偿资金占比极少。如河南沙颍河流域生态补偿资金主要源自各设区市县断面水质考核的征缴，但补偿资金管理办法仅规定了各类污染防治建设项目资金使用，未涉及补偿企业或居民等相关内容。

3．补偿方式以资金或项目补偿为主

科学的补偿方式应客观反映补偿对象的利益诉求，目前国内生态补偿实践以政府补偿为主，常见的补偿方式包括资金补偿、项目补偿和政策补偿三类，如中央或地方财政转移支付、设立生态补偿基金、各类生态项目投资、制定税收优惠、实施产业及人才培养扶持政策，但资金补偿仍是目前最为迫切急需的补偿方式。实践中，中央政府或各级地方政府主要通过借助纵向或横向的财政转移支付，为各类生态环境治理工程或项目提供资金支持，直接对受损居民或做出保护贡献企业、居民等的资金补偿占比不高，难以满足企业、居民对资金补偿与技术补偿的强烈诉求——希望政府提高资金补偿标准并给予相应的技术培训以扩大其自身发展空间[①]。因此，需要结合补偿对象的利益诉求的实际诉求制定更加科学的补偿方式。比如青岛市将项目治理同生态农业、生态旅游相结合，斥资千万元建成当地特色有机茶园，获得崂山水库生态治理与地区发展的双赢，走出一条“造血式”生态涵养路线。

4．补偿标准较低，核算方法不统一

补偿标准是生态环境补偿的支付依据，更是补偿实践的核心环节和关键难点。目前，由于生态系统本身的复杂性和经济学方法的局限性，国内外学术界尚不存在成熟一致的生态补偿标准核算方法。但学界共识是：生态补偿标准应介于机会成本（理论参考下限值）与生态系统服务价值（理论参考上限值）之间，更确切地讲：大多数国外学者认为生态补偿额度应介于生态服务提供者提供服务所付出的机会成本与服务使用者的收益之间[②]，即：生态服务提供者付出的机会成本≤补偿额度≤生态服务使用者享受的收益。因此，在观点尚不统一时，

---

① 王雅敬，谢炳庚，李晓青，等．公益林保护区生态补偿标准与补偿方式［J］．应用生态学报，2016，27（6）：1893－1900.

② 吴健，郭雅楠，余嘉玲，等．新时期中国生态补偿的理论与政策创新思考［J］．环境保护，2018，46（6）：7－12.

补偿标准的确定至少需要综合参考补偿额度的上、下限值，相应要求使用机会成本法和生态服务功能价值法两类核算方法。但在实际核算中，生态服务价值法对数据的需求量极大，且估算结果数额较大并缺乏必要的市场定价基础，因此其政策认同度与操作性均较低，机会成本反而成为国内外普遍接受并作为补偿标准的制定依据[①]，包括放弃的经济收入、发展机会等。如杜林远等人[②]基于生态系统服务价值法和机会成本法，算得 2015 年湘江流域下游应付补偿额上限为 1131.9 亿元、补偿额下限为 200.1 亿元；彭晓春等人[③]算得广东省东江流域上游六县的生态保护总成本为 105.4 亿元，其中直接成本为 5.4 亿元，间接成本为 100 亿元。

---

① 李文华，刘某承．关于中国生态补偿机制建设的几点思考［J］．资源科学，2010，32（5）：791－796.

② 杜林远，高红贵．我国流域水资源生态补偿标准量化研究——以湖南湘江流域为例［J］．中南财经政法大学学报，2018（2）：43－50.

③ 刘强，彭晓春，周丽旋，等．城市饮用水水源地生态补偿标准测算与资金分配研究——以广东省东江流域为例［J］．生态经济，2012（1）：33－37.

第五章　新安江流域生态补偿的实践

新安江流域是生态补偿机制建设的先行探索地，是习近平生态文明思想的重要实践地。在 2012 年 9 月新安江流域成为我国首个跨省流域生态补偿试点后，2018 年 10 月开始第三轮试点，这标志着新安江生态补偿机制进入“3.0”时代。2018 年 12 月 27 日，安徽省黄山市新安江上下游横向生态补偿机制成功入选“改革开放 40 年地方改革创新 40 案例”名单，这标志着黄山市在生态补偿机制改革中所取得的成就经验，得到了充分认可和高度评价。因此，要认真总结新安江生态补偿机制试点经验，推动习近平生态文明思想的成功实践，打造生态文明建设的安徽样板。

一、新安江流域基本情况

安徽省黄山市，古称新安、歙州、徽州，地处皖浙赣三省交界处，被称为“三省通衢”，西南与江西省景德镇市浮梁县、上饶市婺源县交界，东南与浙江省衢州市开化县、杭州市淳安县、临安区为邻，东北与安徽省宣城市绩溪县、旌德县、泾县接壤，西北与池州市青阳县、石台县、东至县毗邻。1987 年撤销徽州地区，以境内山岳“黄山”之名设立地级黄山市。

黄山市是一个“八山一水一分田”的山区。境内群峰参天，山丘屏列，岭谷交错，有深山、山谷，也有盆地、平原，波流清澈，溪水迴环，到处清荣峻茂，水秀山灵，犹如一幅风景优美的图画。天目山和黄山山脉是安徽省也是徽州同浙江、江西省的天然分界岭。世界闻名的黄山横贯歙县、黄山区、休宁、黟县之间，最高峰莲花峰海拔 1860 米，峰峦峻峭，重岩叠嶂，宏博富丽，是著名的风景胜地。

新安江为钱塘江水系干流上游段，发源于安徽徽州（今黄山市）

休宁县境内，东入浙江省西部，经淳安至建德与兰江汇合后为钱塘江干流桐江段、富春江段，东北流入钱塘江，是钱塘江正源。新安江干流总长 359 千米，流域面积 11452.5 平方千米。

在安徽省段，其干流经休宁县、歙县，至街口入浙江省新安江水库。新安江源出休宁冯村五股尖（海拔 1618 米）北侧，上源流经祁门县，复入休宁以后称率水，在屯溪纳横江后，江面展宽，流至歙县城南朱家村又有练江来汇，始称新安江。新安江东流至街口附近，便直奔浙江省而去。新安江是安徽省内仅次于长江、淮河的第三大水系，也是浙江省最大的入境河流。安徽省境内的新安江干流总长 242.3 千米，流域总面积 6736.8 平方千米，分别占 67.5%和 58.8%。

在浙江段，新安江由歙县街口镇流入浙江省淳安县境内，至建德市梅城镇与兰江汇合始称桐江，至桐庐县桐庐镇与分水江汇合，始称富春江（其中桐庐县段称桐江）。富春江流经富春县至闻家川与浙江省的衢江汇合后，方称钱塘江。

千岛湖（新安江水库），位于浙江省杭州市淳安县境内，小部分连接建德市西北，是为建新安江水电站拦江而成的人工湖，1955 年始建，1960 年建成。水库坝高 105 米，长 462 米；水库长约 150 千米，最宽处达 10 余千米；最深处达 100 余米，平均水深 30.44 米，在正常水位情况下，面积约 580 平方千米，蓄水量可达 178 亿立方米，在最高水位时拥有 1078 座大于 0.25 平方千米的陆桥岛屿，并以 2 平方千米以下的小岛为主，岛屿面积共 409 平方千米。1984 年 12 月 15 日，浙江省地名委员会正式将新安江水库命名为“千岛湖”。

新安江是华东地区的生态安全屏障，也是长三角战略水源地。千百年来，一江新安水，情牵皖浙两省。2012 年起，新安江流域成为全国首个跨省流域生态补偿机制试点的先行探索地，是习近平生态文明思想的重要实践地。多年来，安徽省省委省政府深入贯彻落实习近平生态文明思想和重要批示精神，高位推动新安江流域生态补偿试点工作，取得了丰硕成果，积累了宝贵经验，形成了“新安江模式”。

二、新安江流域生态补偿的缘起

（一）新安江水污染影响到了浙江省饮用水源

1. 新安江水库是浙江省重要的饮用水源

新安江水库担负着浙江省杭州市、绍兴市、宁波市和舟山市四市1500万人、930万亩耕地的供水任务。作为浙江省最重要的饮用水源地，千岛湖水质在很大程度上取决于上游新安江的来水质量。因此，新安江流域生态环境直接关系到浙江省的饮水安全问题。特别是在新安江安徽段年平均出境水量达60多亿立方米，占千岛湖年均入库水量60％以上的情况下，地处安徽南部与浙江西部交界的淳安县境内千岛湖水质状况就显得非常重要。

20世纪50年代之前，新安江的主体功能是航运、灌溉、渔业等，这一时期的流域环保问题不突出；20世纪50～80年代，新安江水库的主体功能是发电和防洪。此时，人工生态系统形成；20世纪80年代至21世纪初，千岛湖的主体功能是风景旅游，2001年千岛湖风景区被评为首批中国AAAAA级旅游区，2010年4月18日国家旅游局授予千岛湖风景区为国家AAAAA级旅游景区殊荣；21世纪以来，千岛湖的主体功能是备用水源和风景旅游，浙江几次提出从千岛湖引水，特别是2014年，杭州市第二水源千岛湖配水工程动工，从淳安千岛湖金竹牌取水口出发，一路东进111千米，到达余杭闲林水库，再兵分三路，分别覆盖主城区、萧山和余杭；2019年开始，千岛湖的主体功能是饮水水源，实现1000万人口的饮水供应。

2. 新安江与千岛湖水质面临严峻挑战

进入21世纪，随着我国工业化、城镇化进程加快，新安江及千岛湖也出现蓝藻异常增殖等令人担忧的问题。1998年，烟波浩渺的千岛湖第一次被蓝藻侵袭；2010年5月，千岛湖部分湖面出现蓝藻急剧增加及繁殖异常情况。据监测，此十几年间两省交界断面水质以较差的Ⅳ类水为主，2008年变成更差的Ⅴ类，个别月份总氮指标曾达到劣Ⅴ类，水体总氮、总磷指标值上升趋势明显。与此同时，千岛湖入境水质呈缓慢恶化之势，湖内水质营养状态一度为中营养水平，甚至有向富营养水平加剧之势[①]，对上游面源污染治理工作提出了更高的需求。

新安江及千岛湖水污染主要来自农村面源污染和环保监管的缺失。农村生活、生产方式的变化，使得河流的面污染与源污染日趋严重。一方面，新建的楼房，无论是卫生间还是厨房，全都安装了便捷的排水系统。原来人们的排泄物是作为有机肥储存在旱厕中，经过发酵，消除了其中的有毒有害物质，富含大量有益物质，不但能为农作物提供全面营养，而且被雨水冲入河流的量是比较有限的，河流的自净能力基本可以承受。现在，粪便都是通过下水直接排到河中，河流的自净能力变得难以承受。另一方面，河流中水产品养殖也会形成污染。如网箱养鱼，无论是喂鱼的投料，还是鱼自身的排泄物，对河流的水体都会产生污染。加之，在缺乏严格的环保监管的情况下，部分餐饮业的污水、医疗机构的废水还是采用直排的方式流入河流水体；部分农村和城市居民垃圾总是倒入河滩，把死猪、死狗、死鸡、死鸭丢入河中；有的建筑企业把建筑垃圾也运到河滩上与生活垃圾倒在一起，甚至把建筑垃圾直接倒入河流之中的情况也时有发生。

当然，工业废弃物也是导致新安江水污染的重要原因。工业项目用水较多，不少工业项目的废水是重度污染，在前几年环境监管不是很严格的情况下，企业不愿意增加环保设备或虽然增加但没有真正发挥污水处理的功能。除了污水，有的工业项目产生的废弃重金属会渗到泥土中，并慢慢地渗到河流中，重金属沉在水底，也许就在自来水厂的取水口处，这也会影响到河水的质量。

（二）新安江水污染也影响到了黄山市的生产和生活

新安江水污染影响了黄山市居民的日常生活。自古以来，新安江两岸的民众把新安江当作生活的依靠。打鱼、行船、担水、洗刷等无不与新安江紧密相连。然而，在补偿机制试点前，由于排污、农药、化肥、网箱养鱼等面源水污染，新安江水质急剧下降，有的河段，人们不敢下河游泳、不敢饮用甚至连洗衣服都不放心。这对黄山市居民的日常生活影响也很大。同时，新安江水污染阻碍了黄山市相关产业的发展，特别

---

① 陈国有．一江清水淌出新发展理念［N］．黄山日报，2018－11－12.

是以水为主要原料的产业、水产品养殖业、餐饮业、水上旅游等。

（三）必须找到一条适合上下游人民协调发展的治理方案

皖浙地区经济发展差距日益扩大，沿着新安江顺流而下的城市的GDP、财政收入、城乡居民收入等经济指标不断提高，上游群众脱贫致富的愿望强烈。以2012年的GDP为例，源头的休宁县为59亿元，而地处中游的淳安县虽属浙江欠发达地区，但GDP已达159亿元，中下游的建德市和萧山区分别为247亿元和1600亿元。黄山市人均GDP仅为杭州市的1/3、城乡居民收入等指标仅为杭州市平均水平的一半左右。与淳安县威坪镇窄山村一线之隔的“邻居”——歙县街口村民心中的感受更为直观：论自然条件和区域位置，两个村子不分伯仲，农业生产没有差距。但“同饮一江水，冰火两重天”，无论是各类补偿还是社会保障，街口村都远远逊于窄山村[①]。

长期以来，黄山市为保护新安江流域的生态环境和千岛湖水质投入了大量的人力、物力和财力，而且为水环境保护也失去了一些经济发展的机会。如果不能找到一条上下游互利共赢、保护与发展协调发展之路，新安江流域水质将会更加恶化，上游保护生态的积极性和主动性将会受到挫伤。

因此，必须找到一条适合上下游人民协调发展的治理方案，从根本上解决跨省流域生态治理难题。

三、新安江生态补偿机制的建立及补偿方案

（一）新安江生态补偿机制的建立

新安江生态补偿机制的建立大致经历了三个发展阶段[②③]：

1. 酝酿阶段（2004—2009年）

作为全国首个跨省流域生态补偿实践案例，新安江试点从2004年

---

① 陈国有．一江清水淌出新发展理念［N］．黄山日报，2018－11－12.

② 曾凡银．新安江流域绿色发展的制度演进与路径选择：“习近平生态文明思想的新安江实践”理论研讨会论文集［C］．合肥：中共安徽省委宣传部、中共黄山市委，2018.

③ 袁维海．新安江生态补偿机制成功实践的公共政策供给研究：“习近平生态文明思想的新安江实践”理论研讨会论文集［C］．合肥：中共安徽省委宣传部、中共黄山市委，2018.

全国人大环境与资源委员会对新安江流域生态保护和污染防治相关工作进行调研的时候开始酝酿；2005 年，黄山市委托中国水利水电科学研究院进行了《新安江生态共建共享机制》的研究，提出了生态共建共享的理念；2006 年全国“两会”期间，安徽省人大代表团及部分浙江省人大代表，向全国人大十届四次会议提交了“关于新安江流域生态共建共享示范区的建议”，并被列为当年 12 件重点督办件，原国家环保总局将新安江流域生态共建共享示范区纳入“十一五”生态保护规划；2006—2009 年，财政部、原环境保护部等部委多次组织开展专题调研；2007 年 7 月，将新安江流域生态补偿机制列为全国首个跨省流域生态补偿机制建设试点；2009 年，黄山市向全国人大递交了《关于推进新安江流域补偿机制试点工作的议案》，促使财政部和原环境保护部计划在皖浙两省实施新安江流域水环境补偿试点工作。

2. 启动阶段（2010—2011 年）

2010 年 3 月，财政部、原环境保护部就关于开展跨省新安江流域水环境补偿试点的实施方案征求安徽和浙江两省意见。2010 年 12 月，中央财政下达 5000 万元启动资金，新安江流域试点工作迈出实质性一步；2010 年 11 月，时任全国政协副主席的张梅颖率队开展专题调研，2011 年 1 月形成了《关于千岛湖水资源保护情况的调研报告》，建议尽快建立科学合理的生态补偿机制。调研报告得到了中央领导同志的重视，2011 年 2 月习近平同志做出重要批示：“千岛湖是我国极为难得的优质水资源，加强千岛湖水资源保护意义重大，在这个问题上要避免重蹈先污染后治理的覆辙。浙江、安徽两省要着眼大局，从源头控制污染，走互利共赢之路。”2011 年 3 月，财政部、原环境保护部印发了《关于启动新安江流域水环境补偿试点工作的函》（财建函〔2011〕14 号）。在原环境保护部的指导下，两省召开了皖浙跨界环境污染纠纷处置与应急联动联席会议，成立了以浙皖环境监察和应急机构为主体的组织机构，签署了《浙皖跨界环境污染纠纷处置和应急联动工作方案》。2011 年 9 月，财政部、原环境保护部印发了《新安江流域水环境补偿试点实施方案》（财建函〔2011〕123 号），明确了关键问题，跨省流域水环境补偿试点工作正式开展。2011 年 12 月，中国环境监测总站印发了《关于开展新安江流域水环境补偿试点工作联合监测的通知》，试点工作逐步启动并把建议议案转化为政策和制度。

3. 实践阶段（2012 年至今）

2012 年 9 月，财政部、原环境保护部、安徽省、浙江省正式签订《新安江流域水环境补偿协议》，我国首个跨省流域生态补偿试点正式实施。新安江生态补偿机制整个实施阶段已完成两轮：第一轮从 2012 年至 2014 年；第二轮从 2015 年至 2017 年；第三轮从 2018 年 10 月开始，到 2020 年结束，该轮实施正在进行中。

（二）新安江生态补偿方案

首轮试点三年，从 2012 年到 2014 年。每年 5 亿元补偿资金额，三年累计补偿资金 15 亿元。其中，中央财政每年出 3 亿元，安徽、浙江两省每年各出 1 亿元。标准非常简单，以两省跨界断面水质四项指标测算的补偿指数 P 值[①]作为评判标准，年度水质达到考核标准（$P\leqslant 1$），浙江拨付给安徽 1 亿元；水质达不到考核标准（$P>1$），安徽拨付给浙江 1 亿元；不论上述何种情况，中央财政 3 亿元全部拨付给安徽。补偿资金专项用于新安江流域产业结构调整和产业布局优化、流域综合治理、水环境保护和水污染治理、生态保护投入及发展机会成本补偿等方面。

第二轮试点从 2015 年到 2017 年。三年累计补偿资金 21 亿元，中央资金三年仍为 9 亿元，按 4 亿元、3 亿元、2 亿元退坡的方式补助，两省每年各增至 2 亿元。继续以断面水质测算的补偿指数 P 值作为评判标准。突出水质考核标准“双提高”，分档补助，好水好价。也就是当 $P\leqslant 1$ 时，浙江像原来一样付给安徽 1 亿元；当 $P\leqslant 0.95$ 时，浙江再补偿安徽 1 亿元。从第一轮试点到第二轮试点，在水质不断向好的同时，考核标准提高了 7%，水的监测点从 8 个增加到 42 个，监测项目也从原来的 29 项增加到 109 项。

第三轮试点从 2018 年到 2020 年。2018 年 10 月，第三轮新安江流

① P 值以高锰酸盐指数、氨氮、总氮、总磷这四项指标 2008—2010 年的 3 年平均浓度值为基本限值，依据补偿指数测算公式，根据街口断面补偿指数决定浙江省和安徽省的 1 亿元资金的拨付对象。

域上下游横向生态补偿协议正式签署，标志着新安江生态补偿机制进入“3.0”时代。两省每年各出资2亿元共同设立新安江流域上下游横向生态补偿资金，依然以流域跨省界断面水质考核为依据进行“对赌”。与前两轮试点的实施方案相比，第三轮实施方案有三大变化：一是水质考核标准更高，水质稳定系数从0.89提升至0.90，同时将四项水质考核指标中总氮、总磷的权重从0.25提高至0.28（总氮和总磷是目前影响新安江水质的最重要的两个指标）。二是补偿资金使用范围有所拓展，补偿资金专项用于新安江流域环境综合治理、水污染防治、生态保护建设、产业结构调整、产业布局优化和生态补偿等方面的同时，提出要积极探索多元化、市场化的补偿机制，首次鼓励和支持通过设立绿色基金、政府和社会资本合作（PPP）模式、融资贴息等方式，引导社会资本加大新安江流域综合治理和绿色产业投入。此外，特别强调要加强农业面源氮、磷生态拦截工程。三是充分发挥杭黄铁路等重大交通设施的联通作用，按照产业互补、生态共建、发展共享的原则，积极创设平台，强化杭州市和黄山市的产业项目对接，协力推进黄山市加快实现绿色发展，把黄山—新安江—千岛湖—富春江—钱塘江打造成长三角乃至全国最美的生态旅游风景带。

四、新安江生态补偿的主要做法和经验

近年来，新安江流域广大干部群众勇于改革、锐意创新，牢固树立“绿水青山就是金山银山”的理念，始终把保护和修复生态环境作为首要任务，共抓大保护、不搞大开发，坚定不移走生态优先、绿色发展之路。为了修复水质，围绕水质改善目标，重点推进污水处理“五大工程”建设，包括全面加强入河排放口整治、有序推进规模畜禽养殖场关停搬迁、奋力打好农村改水改厕攻坚战、努力完善农村污水集中处理设施和加快实施船舶污水上岸。同时，黄山市积极推进新安江流域综合治理，实施农村面源污染、城镇污水和垃圾处理、工业点源污染整治、生态修复工程、能力建设等项目225个。期间，没有新上一个“两高”项目，拒绝污染项目180多个、涉及投资160亿元；6379只网箱被拆除，37.2万平方米养殖面积、近4000万元产值退养；

170 多家污染企业关停淘汰，90 多家工业企业整体搬入循环经济园；98 个采砂场被取缔，新建生态公益林 535 万亩，退耕还林 107.21 亩；新安江干流和支流 102 个入河排放口全部进行截污改造……2012—2017 年，新安江上游流域总体水质为优，千岛湖湖体水质总体稳定保持为Ⅰ类，营养状态指数由中营养变为贫营养，与新安江上游水质变化趋势保持一致，黄山市在逐步顺利拿到补偿金的同时，于 2016 年与国家开发银行、国开证券共同发起全国首个跨省流域生态补偿绿色发展基金，按照 1∶5 的比例放大，基金首期规模 20 亿元，六年来累计投入资金 120.6 亿元，大大促进产业转型和生态经济发展，体现了"算政治账不算经济账、算长远账不算短期账、算整体账不算个体账、算大账不算小账"的政治意识和大局意识。

通过开展新安江流域生态补偿机制试点，探索出了一批可复制、可推广的实践经验，为推进生态文明建设提供了重要启示和宝贵借鉴[①]。概括起来就是：坚持五个理念、建立四个机制、突出四个重点。

（一）坚持五个理念

1. 坚持"统筹山水林田湖草系统治理"的理念，把保护和修复生态作为首要任务，加快构筑绿色生态屏障

突出森林涵养，深入实施千万亩森林增长工程和农业增绿增效行动，累计建成生态公益林 535 万亩，退耕还林 107 万亩，黄山市市有林地面积达到 1111 万亩，森林覆盖率、有林地面积、活立木蓄积均居全省第一，努力以"万亩林海"涵养"一江清水"；突出湿地涵养，大力推进湿地公园、滨江区域等重要节点建设，湿地保护率达 43.17%，高出全省 6 个百分点，流域水体自净能力显著增强；突出工程涵养，总投资 30 亿元的国家重大水利工程月潭水库即将竣工；完成新安江上游 16 条主要河道综合整治，疏浚和治理河道 123 千米，治理水土流失面积 540 多平方千米。

2. 坚持"有效防范生态环境风险"的理念，把解决突出环境问题

① 吴江海，夏胜为．皖浙"对赌"新安江生态补偿试点 6 年成效显著［EB/OL］．［2019—05—04］．http：//news. wehefei. com/system/2018/08/27/011338424. shtml

作为民生优先领域，织密织牢生态防控网络

防控水上污染，大力推进河面打捞、网箱退养工作，河面清洁度显著提升；防控岸上污染，对排放口全部进行截污改造，推动农村“三大革命”，农村人居环境显著改善；防控产业污染，严格环保准入，坚决不上一个污染项目，关停淘汰、整体搬迁、优化升级一批工业污染企业；防控农业面源污染，在全省首创统一采购、统一管理、统一回收等“七个统一”的农药集中配送模式，高效低残留和生物农药使用率提高到80%。

3. 坚持“绿水青山就是金山银山”的理念，把推进产业转型升级作为关键举措，加快形成绿色发展方式

大力发展生态旅游，皖南国际文化旅游示范区建设不断深化，摄影写生、户外运动、徽州民宿等加快发展。乡村旅游占全市旅游的2/3以上，七成以上的村庄参与旅游服务；大力发展生态农业，因地制宜地发展茶叶、徽菊、泉水鱼、中药材等特色种养，推出一批在全国叫得响的绿色产品；大力发展生态工业，培育形成了一批行业龙头，一批饮用水项目相继达产见效，优质生态财富效益日益凸显。

4. 坚持“用最严格制度、最严密法治保护生态环境”的理念，把完善生态文明制度作为根本保障，全面提升环境治理现代化水平

在法规体系建设上求突破，先后出台规范试点资金使用、区县断面水质考核等70多个规范性文件，制定《松材线虫病防治条例》《农药使用管理条例》；在联治体系建设上出新招，建立了上下游定期协商、联合检测、联合打捞、联合执法等常态化工作机制，形成多元参与，风险共担、奖罚并重的生态补偿机制；在责任体系建设上动真格，在全省率先实施“四级”河（湖）长制，坚决抓好中央和省环保督查反馈问题整改，严格追责问责。

5. 坚持“人民群众共同参与、共同建设、共同享有”的理念，把开展全民行动作为内生动力，积极打造人与自然和谐相处的美丽家园

注重引导教育，成立76支志愿者队伍，常态化开展政策宣讲、典型宣传、科普培训等活动，广泛传播尊重自然、人水和谐、生态有价的生态文明理念；注重正向激励，通过设立垃圾兑换超市、发放“生

态红包”等一系列“微改革”，极大地激发了群众的环保热情；注重成风化俗，把“黎明即起、洒扫庭除”“永禁泥沙垃圾入河，违者罚银三两”等优秀传统文化写入新时代乡规民约，通过群众自治的方式来规范引导老百姓的生产生活行为。

（二）建立四个机制

1. 建立高效运行机制，高位强力推动

2012年新安江生态补偿试点工作开展以来，安徽省省委省政府高度重视，把新安江流域综合治理作为建设生态强省的“一号工程”，省委书记、省长亲自推动，对上积极争取国家部委支持，对外加强与浙江省协调并将其作为长三角主要领导座谈会的重要内容，对内建立由常务副省长主抓的工作机制；黄山市成立了环境保护委员会，由市委书记、市政府主要领导任主任，市分管领导任副主任，有效落实党政同责、一岗双责的环保责任，使新安江水环境治理成为政府领导真正关心和重点落实的工作；为加强新安江流域生态建设保护工作，黄山市专门成立了新安江流域生态建设保护局，负责新安江流域水环境保护的日常工作，优化了政府机构设置与职能配置，完善了与环保、水利等部门相互协调的行政运行机制。在“一号工程”的推动下，安徽省原环保厅、财政厅、发展和改革委员会、国土资源厅、林业厅和水利厅等部门和以黄山市委书记、市长为组长的新安江流域综合治理领导小组和新安江生态补偿机制试点工作领导小组形成联动的推进机制，共同指导新安江流域生态建设保护局的工作，形成省委省政府主要领导高位推动、省直部门和地市联动、专门机构负责的高效运行机制。

2. 建立考核评价机制，切实追究问责

安徽省政府调整了黄山市的目标管理考核体系，把黄山列为全省唯一的“四类市”进行考核，实行差别化设计，从顶层设计对具体实施新安江生态补偿试点的黄山市考核体系指标做了相应调整，不再单纯以GDP作为主要考核指标，降低GDP考核权重，加大生态环保、现代服务业等指标的考核权重，从考核评价机制上对黄山市更好地保护环境、保护好新安江起到了引导作用。同时，建立严肃追究的问责机制。制定落实《党政领导干部生态环境损害责任追究实施办法》，坚持开展领导干部自然资源资产离任审计，深入实施河（湖）长制、林长制，健全环保信用评价、信息强制性披露、严惩重罚等制度，加大政府目标管理绩效考核中环境保护和节能减排权重，对不合格的实行“一票否决”，倒逼环保责任落到实处。特别是 2017 年以来，结合中央和省环保督察反馈问题整改，动真碰硬，从严问责，截至 2018 年上半年，约谈相关责任人 30 余人，问责领导干部 28 人（其中县处级及以上 11 人）。

3. 建立共建共享的联动机制，协商管理流域生态

实施流域共建共享的目的是促进区域和流域的可持续发展，使生态保护区和受益区域能够共同发展，尤其是带动经济落后地区的共建共享。皖浙两省生态补偿机制试点后，双方本着共同的事业，共同的责任，上下游定期协商、联合监测、联合打捞、联合执法，体现了多方联动与共建共享，逐步形成了省际、市际和县区间的联席会议为主要形式的共建共享联动机制。一是加强省际联动，建立联防联动机制。在财政部和生态环境部的协调下，流域上下游建立了互访协商机制，皖浙两省多次互访会商，致力于顶层设计，协同推进试点工作，全面加强全流域联防联控。二是黄山市和杭州市就新安江流域综合治理情况定期交流协商，初步建立起联合监测、汛期联合打捞、联合执法、应急联动等机制，统筹推进全流域联防联控，共同解决好工作中的各项问题，水环境保护合力逐渐形成。三是加强上下联动，逐步形成工作合力。围绕保护、发展、惠民三大目标，黄山市政府与各区县、市直部门签订了试点工作目标责任书，并将入河排污口及区县出入境地表水考核断面的监测结果作为补偿资金投入及补偿项目绩效考评的重要依据。

4. 建立广泛参与的保护机制，增强公众环保意识

近年来，新安江流域始终坚持政府引导、市场驱动、群众参与、社会共治的方针，积极健全全方位、多层次、立体化的全民保护机制。强化公民环境保护意识，大力倡导节约适度、绿色低碳、文明健康的生活方式和消费模式，推动形成全社会共同参与的良好风尚；推行村

级保洁员和河面打捞的社会化管理，实施市、县、乡、村四级河长制；在全省率先启动农药集中配送，高效低残留农药使用率从 2014 年的 50％提高到 2018 年的 80％，农民购买农药成本降低 40％，废弃农药包装物回收率达 95％以上，促进了农业生产方式转变；创新设立“垃圾兑换超市”，通过“以物易物”，让村民得实惠、转观念、见行动，推动形成“户分类、村收集、乡运转、县市处理”垃圾处理生态链条，逐步实现垃圾减量化、无害化、资源化目标；健全市、县、乡三级志愿保护机制，组织党员干部、工青妇、民兵预备役和广大市民成立 76 支（其中市级 1 支、县级 7 支、乡镇 68 支）专门的志愿者队伍，重点围绕政策宣讲、清理河道垃圾、送生态保护文艺下乡、环保教育、生态科普等志愿服务活动，大力弘扬和践行习近平新时代生态文明理念，充分发挥志愿者服务活动在黄山市生态文明制度建设进程中的积极作用。

（三）突出四个重点

1. 突出规划先行和政策引领

规划先行。以贯彻落实 2013 年 12 月由国务院正式批复实施的《千岛湖及新安江上游流域水资源与生态环境保护综合规划》为契机，根据生态补偿试点协商框架，安徽省原环保厅、财政厅、发展改革委员会等部门会同黄山市政府编制了《安徽省新安江流域水资源与生态环境保护综合规划》，重点围绕水资源保护、水污染综合防治、生态修复、监测体系建设和生态建设等方面，安排了重点项目 319 个，总投资 638 亿元，为实施新安江生态补偿试点提供了有力保障。黄山市坚持规划引领，按照“保护优先、预防为主、防治结合”的原则，加强新安江流域重要地段、关键节点和生态敏感区域的规划控制，还相继出台了《黄山市生态市建设规划》《关于加强生态市建设的决定》《生态环境保护建设工程实施方案》《关于建设生态文明展示区的实施意见》《关于加快新安江流域综合治理的决定》《2011 年新安江流域生态补偿机制工作要点》等一系列规划文本和相关的政策支持文件。

2. 突出系统治理和整体修复

山水林田湖草是一个生命共同体。（1）强化生态系统整体修复。

试点开展以来，植树造林39万亩，建设森林长廊257千米，建成生态公益林535万亩，退耕还林107万亩，森林覆盖率由77.4%提高到82.9%。加强松材线虫病和松毛虫等食叶害虫防治工作，新建湿地面积120公顷，治理水土流失540多平方千米，增强森林水源涵养能力。加强新安江水生生物多样性保护，增殖放流近80次、投放鱼苗7023万尾，实行季节禁渔制度。（2）强化农村面源污染防治，建立覆盖流域所有乡镇的“组收集、村集中、乡镇处置”垃圾处理体系，聘用农村保洁员2791名，创新设立垃圾兑换超市24家，组建16支干流打捞队，累计拆除网箱6379只，全面完成禁养区124家畜禽养殖场的关闭搬迁。禁止销售和使用含磷洗涤用品，在全省率先建成农药集中配送体系，深入推进有机肥替代化肥行动，2016年和2017年全市农药使用量分别下降19.8%、11.57%。（3）强化工业点源污染防治，累计关停淘汰污染企业170多家，整体搬迁工业企业90多家；投资57.78亿元加快黄山循环经济园区建设，实现供热、脱盐、治污“三集中”。（4）强化城乡垃圾污水治理，建成村级污水处理站226个，改造入河排污口102个，对16条主要河道600多条支流定期整治，完成农村改水改厕23万户，城镇、农村生活垃圾处理率分别达100%和80%，城镇污水处理率达93.4%，农村卫生厕所普及率达90%以上。一体化推进农村垃圾污水厕所“三大革命”、船舶污水处理，重点抓好农村垃圾收运系统和污水治理两个PPP项目，力求全域化、根本性解决农村垃圾污水问题。（5）强化重点河道综合治理，已投入47.8亿元，实施新安江上游、横江、率水、丰乐河等主要河道的综合整治工程，实现生态治理、经济发展与民生共享的有机统一。对125个河道采砂场进行规范清理，取缔采砂场104个，查处陆地违法采砂采石企业114家。加快新安江流域综合治理控制性工程——月潭水库建设，该项目为国务院确定的172项重大水利工程之一，总投资30亿元，预计2019年建成并投入使用。

3. 突出经济生态化和生态经济化

一方面抓经济生态化。“宁要绿水青山，不要金山银山”，婉拒一大批资源消耗高、污染风险大的项目，宁可放弃数百亿元的投资机会，也绝不以牺牲环境为代价追求即期效益。另一方面抓生态经济化。加快构建绿色产业体系，积极探索绿水青山向金山银山的有效转化之路。特别是做好“茶”“水”“游”文章。着力做好“茶”文章，推进茶叶种植生态化、加工清洁化改造，茶叶综合产值突破130亿元，出口约占全国的1/10，带动茶农人均增收4700多元；着力做活“水”文章，发展泉水鱼产业，市场价格比普通鱼平均高出3倍，实现了“草鱼变金鱼”，探索了山区精准脱贫的新路子，同时引进和培育康师傅矿泉水、六股尖山泉水等一批项目，打造百亿水产业；着力做足“游”文章，大力发展全域旅游、乡村旅游，乡村旅游约占全市旅游的2/3，全市690多个村庄七成以上有游客接待，超过10万农民从事以旅游为主的第三产业，人均年收入超万元。目前正高标准推进新安江生态经济示范区建设。

4. 突出多元投入和多元补偿

截至2018年上半年，试点项目累计完成投资125.8亿元（试点补助35.8亿元）。单一投入难以保障生态补偿的需求，需要建立多元的投入保障机制。因此，要使上下级政府补偿和上下游政府补偿相结合，政府补偿和市场补偿相结合，政府补偿和社会补偿相结合。黄山市创新资金筹措机制，积极克服财力困难和发展困局，引导社会资本加大投入，建立了绿色发展基金。在一轮试点中，黄山市政府与国家开发银行达成新安江综合治理融资战略协议，获批贷款56.5亿元。二轮试点中，黄山市政府与国家开发银行、国开证券等共同发起设立了首期规模20亿元的新安江绿色发展基金。积极申报亚行贷款项目，通过PPP模式推进全流域垃圾和污水治理。

五、主要成效

新安江流域综合治理和生态补偿试点工作取得了阶段性显著成效。

（一）宏观成效

1. 生态效益

原环境保护部公布的监测数据显示，2011—2017年新安江总体水质为优并稳定向好，跨省界断面水质达到地表水环境质量标准Ⅱ类，千岛湖水质出现拐点，营养状态指数逐步下降。经原环境保护部环境规划院评估的二轮试点绩效报告认定，2017 年流域生态系统固碳量为 574.3 万吨，释氧量为 419.26 万吨。2018 年 4 月 12 日，由原环境保护部环境规划院编制的《新安江流域上下游横向生态补偿试点绩效评估报告（2012—2017）》通过专家评审。该报告显示，试点实施以来，新安江上游水质为优，连年达到补偿标准，并带动下游水质与上游水质变化趋势保持一致，新安江是全国水质最好的河流之一。

2. 经济效益

试点促进了产业转型升级，为全域旅游经济发展提供了必要的生态环境和人文环境。经原环境保护部环境规划院评估，2017 年新安江生态系统服务价值总计 246.5 亿元，水生态服务价值总计 64.5 亿元，单位面积产出价值在国内 13 个已评估区域中位居第三。2012—2017 年，黄山市生产总值年均增长 7.7%，财政收入年均增长 6.6%。尤其是二轮试点以来，黄山市生产总值连续跨上 500 亿元、600 亿元两个台阶，财政收入突破百亿元大关。新安江生态补偿机制试点不但撬动了全流域生态文明建设，而且探索了绿水青山向金山银山的有效转化路径，实现了生态效益、经济效益、社会效益的显著提升。

3. 社会效益

新安江试点经验在安徽省内面上全面推开。安徽首个省级层面的生态补偿机制于 2014 年落地大别山。按照“谁受益、谁补偿”的原则，省财政出资 1.2 亿元，合肥、六安两市分别出资 4000 万元作为补偿资金，推动大别山水环境治理和保护。2017 年 12 月 30 日，安徽省人民政府办公厅印发了《安徽省地表水断面生态补偿暂行办法》，标志着安徽全省建立了“以市级横向补偿为主、省级纵向补偿为辅”的地表水断面生态补偿机制，促进全省河流、湖泊水质的进一步改善。2018 年 6 月 29 日专门印发《关于全面推广新安江流域生态补偿机制试点经验的意见》的通知，新安江生态补偿的经验被推广到安徽省长江经济带。安徽省委省政府还印发了《关于全面打造水清岸绿产业优美丽长江（安徽）经济带的实施意见》，将建立覆盖沿江五市的水环境生态补偿机制。在大气污染防治领域，2018 年 7 月，《安徽省环境空气质量生态补偿暂行办法》建立生态补偿机制。

4. 制度效益

新安江水环境补偿试点工作写入了中央文件，得到了国家部委、试点两省的充分肯定，为健全生态补偿制度积累了经验。特别是形成了“新安江模式”，即以习近平生态文明思想和重要批示精神为指引，以生态补偿为核心，以生态环境保护为根本，以绿色发展为路径，以互利共赢为目标，以体制机制建设为保障的生态文明建设模式。试点工作入选 2015 年全国十大改革案例，亮相“砥砺奋进的五年”大型成就展。目前新安江模式已在全国其他 5 条流域和多个省份推开。2018 年 12 月 27 日，安徽省黄山市新安江上下游横向生态补偿机制成功入选“改革开放 40 年地方改革创新 40 案例”名单。这标志着黄山市在生态补偿机制改革中所取得的成就和经验，得到了充分认可和高度评价。

（二）微观成效[①]

水体更加清澈。原环境保护部公布的监测数据显示，2012—2017 年新安江流域总体水质为优，跨省断面水质达到地表水环境质量标准Ⅱ类要求；新安江上游流域总体水质为优，千岛湖湖体水质总体稳定保持为Ⅰ类，营养状态指数由中营养变为贫营养，与新安江上游水质变化趋势保持一致。黄山市地表水水质达标率、饮用水水源地水质达标率均达 100%。2018 年 4 月，经原环境保护部环境规划院《新安江流域上下游横向生态补偿试点绩效评估报告（2012—2017）》评估，千岛湖营养状态指数由中营养变为贫营养，2017 年新安江生态系统服务价值总计 246.5 亿元，水生态服务价值总量为 64.5 亿元。

风景更加美丽。以实施生态补偿机制试点为契机，黄山市以新安江干流为主轴，打造了横江、渐江、新安江滨水旅游区、新安江山水画廊等 4 个国家级风景名胜区，并与沿岸的齐云山、花山谜窟、古徽州文化旅游区相互呼应，绘就了一幅山水相济、人文共美的精彩画卷。

① 文雯，潘骞，毕春萍．六载打造流域生态补偿样板——安徽省全面推行新安江流域生态补偿经验，建立健全生态补偿机制［N］．中国环境报，2018（04）．

全市森林覆盖率由77.4%提高到82.9%，空气质量优良天数达98%以上，获评国家森林城市，去年以来仅央视就13次报道新安江美丽风光。

产业更加兴旺。生态产业化、产业生态化特征日益明显，以旅游业为主导、战略性新兴产业和现代服务业为支撑、精致农业为基础的绿色产业体系基本形成，服务业增加值占比居全省首位，绿色食品、汽车电子、绿色软包装、新材料等主导产业加快发展。战略性新兴产业、高新技术产业产值年均增长12.2%和11.9%，单位能耗累计下降16.8%，实现了生态保护与经济发展的相得益彰。2012—2017年，黄山市生产总值年均增长7.7%，财政收入年均增长6.6%，人均GDP、人均财政收入等主要均量指标位居全省中上水平。尤其是两轮试点以来，经济全面增长、稳中向好，生产总值连续跨上500亿元、600亿元两个台阶，财政收入突破百亿元大关。2018年安徽省反馈的17项监测指标中，有14项增幅同比提高，5项增幅同比进位。

氛围更加浓厚。通过新安江流域生态补偿机制试点的深入推进，生态文明风尚深入大众、植根人心。各级党员干部特别是领导干部层层传导压力，级级压实责任，形成了狠抓生态环保工作的浓厚氛围。广大群众环境保护意识全面增强，实现了从“求温饱”向“盼环保”的转变，形成了爱我乡村、节约资源、整洁环境、从我做起的高度自觉。

六、新安江生态补偿机制存在的困难及对策建议

新安江流域生态补偿机制改革，是习近平总书记亲自倡导和推动的全国首个跨省补偿机制试点，是习近平生态文明思想在皖浙大地的生动实践，已成为我国生态文明制度建设的重大创新。但是，新安江保护与全国大江大河治理一样，具有长期性、艰巨性、复杂性和反复性的特点，还面临资金保障、水质提标、民生改善、谈判协调等方面的压力。因此，新安江生态补偿机制在实施过程中，还存在需要进一步解决或完善的问题。

（一）存在的主要困难

新安江生态补偿试点的目的在于寻求一个可在全国范围内推广的流域生态补偿模式，进而推动我国的生态文明建设深入开展。因此，建立什么样的机制便成为新安江生态补偿试点是否能取得成功、是否能在全国推广的决定性因素[①]。

1. 生态补偿的主体和客体需要进一步清晰化

生态补偿的主体——谁来补偿？党中央、国务院明确指出要按谁受益谁补偿的原则加快建立生态补偿机制。新安江的直接受益者是新安江水资源的使用者和开发者，包括流域范围内沿岸所有用水的单位和居民。但目前新安江生态补偿资金主要来自三个地方，即中央政府、安徽省政府和浙江省政府，即中央财政专项转移支付资金和安徽、浙江两省的补偿资金（见《新安江流域水环境补偿试点实施方案》和《安徽省新安江流域生态环境补偿资金管理暂行办法》），而非从新安江的直接受益者——新安江水资源的使用者和开发者那里收取的专项经费。因此，政府如何通过对新安江水资源使用者和开发者收取税费，理顺政府与用水单位和居民的关系，从而彻底解决生态补偿资金本身的源头之水问题，这是新安江生态补偿能否制度化、长效化以及能否在全国推广的基本保证。

生态补偿的客体——补给谁？为了保证生态系统服务功能的可持续发展，生态服务的受益者必须对提供者进行补偿。新安江是钱塘江水系干流上游段，是钱塘江中游和下游水资源的提供者，新安江的水体是当地的自然条件形成的，但水质完全取决于当地政府、企事业单位和居民的共同保护，而水量也部分取决于当地政府和山区村民对森林植被的保护程度。因此，在对水资源生态服务提供者进行补偿的时候，既应该考虑通过各种项目建设不断改善当地水资源供给的自然条件，又应该考虑通过有效的手段不断改善当地水资源供给的人文环境。目前中央政府、安徽省政府和浙江省政府对新安江当地政府的补偿已

---

① 董若愚．新安江生态补偿机制研究：“习近平生态文明思想的新安江实践”理论研讨会论文集［C］．合肥：中共安徽省委宣传部、中共黄山市委，2018.

经明确，但如何在政府、企业、个人间进行分配，特别是如何对河源地和上游地区那些靠山吃山、靠水吃水的山区百姓进行补偿，《新安江流域水环境补偿试点实施方案》和《安徽省新安江流域生态环境补偿资金管理暂行办法》均无明确的规定和说明。

2. 生态补偿的标准需要更加科学化

生态补偿的标准——补多少？前两轮新安江生态补偿的标准是平均每年5亿元人民币（水质达标的前提下），这与新安江生态保护实际需要的资金相差甚远。两轮试点中，黄山市累计投入资金126亿元，但补偿资金仅有35.8亿元。现有补偿资金基本安排在生态保护的工程建设方面，除了生态公益林部分补偿给林农，几乎没有体现上游生态保护的基本成本。学术界和政府部门大多认为两轮新安江流域生态补偿试点的资金补偿标准过低，上游水环境保护的真正价值并未充分体现。很多研究生态补偿的专家、学者都围绕这一问题做过分析，但目前尚无有价值的、可操作的建议。但都会考虑到上游地区发展的机会成本、生态保护和环境治理投入、生态系统服务价值以及经济条件等因素。目前，第三轮试点已经展开，新上项目的建设和已建项目的运行维护仍需大量投入，这对于一个经济不发达的城市来说是一个极大的考验。虽然生态补偿的实际金额往往与理论测算有很大的差距，但黄山市生态补偿标准仍需逐步提高。

3. 流域水质持续保持优质的难度加大

从自然因素来看，一是地表径流量有减少和质量变差的趋势。随着全球气候变暖，新安江流域近年来出现了干旱化趋势。以最近的两个十年为例，1989至1998年的年平均径流量为37.52亿立方米，1999至2009年的年平均径流量只有27.45亿立方米，比前一个十年的年平均径流量减少了26.8%，其直接后果就是水体自净能力降低，水质变差。从水利工程调控能力来看，由于降雨时空分布严重不均，5—7月丰水期的降雨量占全年的52%，而9—11月枯水季节的降雨量仅占全年的8～10%，季节性缺水率达80%。而上游地区至今尚无大型生态用水调蓄工程，既无法削减洪峰，保障下游安澜，也无法调控平衡季节供水，一旦遇到较大的降雨和干旱，新安江不是泛滥成灾便是自然减流。从工业化、城镇化进程不断加快来看，农村面源污染有加重趋向。由于农村环保基础建设滞后，大部分的农村生活垃圾和生活污水未经有效处理直接排入河流，增加了地表水污染负荷；传统的农业生产模式，造成不合理使用农药、化肥的现象依然存在。农业面源污染已成为流域水环境污染的重要来源。流域水质持续保持优质的难度加大。要实现达标，就必须投入更多的人力、物力和财力。

4. 经济建设与环境保护的矛盾十分突出

黄山市为保护新安江流域生态环境，执行的是最严格的生态环境和水资源管理制度，对工业和项目建设严格准入。几年来，黄山市拒绝了大批前景好的企业，放弃了数百亿元的投资机会，同时，还在工业企业关停并转、优化结构方面投入巨大。特别是流域内广大人民群众，为保护一江清水，改变了很多传统的生产生活方式，生活质量始终难以提高，做出了巨大牺牲。试点实施以来，新安江干支流累计退养网箱 6088 只，涉及渔民 30000 多人。农民失去了赖以生存的生产、生活资料，此事不仅关系到水资源保护，也关系到民生，关系到当地的干群关系。目前，黄山市人均 GDP 和人均财政收入仅为近邻杭州市的 1/3、城乡居民收入等指标仅为杭州市平均水平的一半左右，几项平均指标甚至大大低于在浙江省尚属欠发达地区的淳安县。习近平总书记重要批示的最后一句话是“走互利共赢之路”，这是工作的落脚点，而这个落脚点的核心就是富民。“不能饿着肚子守护青山绿水”，人民群众追求美好生活的愿望极其强烈，加快发展与保护环境的矛盾显得更为突出。

（二）对策建议

对于新安江补偿机制建设下一步的工作，黄山市委、市政府有自己的工作思路①，很多专家也提出了有价值的建议，我们也做了调研分析。综合来看，提出以下对策建议：

1. 完善生态补偿的长效机制

健全生态补偿沟通协商平台，出台具体的水质考核技术规范和生

---

① 中共黄山市委、市政府．深入学习贯彻习近平生态文明思想　努力打造生态文明体制改革新安江模式：“习近平生态文明思想的新安江实践”理论研讨会论文集［C］．合肥：中共安徽省委宣传部、中共黄山市委，2018.

态补偿法律法规，推动生态补偿的制度化、法制化和常态化；按照流域保护共同责任、谁受益谁补偿和好水好价的原则，建立随着水质考核标准的提高，补偿资金随经济发展及保护压力加大而同步提高的体制机制；中央财政加大对新安江流域内重点生态功能区的转移支付力度，并将黄山市纳入山水林田湖草生态修复工程、长江经济带生态补偿等奖补范围，形成政策叠加效应；提高补偿标准，使之尽可能体现黄山生态保护的机会成本；设立水资源保护税，完善法律保障体系。要真正体现水资源的价值，就必须明确界定水权，设立水资源保护税，从而彻底从源头上解决生态补偿的主体和资金等问题；健全配套法律及相关制度体系。出台《生态补偿实施条例》，开展《生态补偿法》研究，开展资源价值核算，建立生态环境损害责任终身追究制；促进县域经济发展，给予新安江流域相关县区产业转型、企业关停转产及农民农药化肥施用量的减少一定的补助资金。

2. 不断提升新安江流域综合治理水平

黄山在第一轮试点实施的“六个全覆盖”“四个强力推进”的基础上，第二轮试点进一步巩固提升治理成果，重点抓好“10 个全覆盖”，即村级保洁、河面打捞、农药集中配送、规模化畜禽养殖污染治理、网箱退养巩固提升、重点河道综合治理、采砂洗砂治理、重要支流水草治理、增殖放流、沿河服务行业污水处理等，抓好“10 个强力推进”，即举办黄山水论坛、月潭水库建设、生态保护脱贫工程、生态农业建设、园区基础设施建设、企业转型升级、城镇污水处理、农村生活污水处理、生态林业建设、重点区域环境整治等，完善加强组织领导、争取政策支撑、创新资金投入、强化项目管理、完善河长管理、加强环境监测、营造社会氛围等“七个保障机制”，并明确相关责任单位，加强统筹推进。第三轮的试点在综合治理水平上要有新的突破。

3. 开展生态补偿资金使用管理的绩效评价

为加快推进新安江流域生态环境保护工作，规范和加强新安江流域水环境补偿资金的管理，提高资金使用效益，应开展生态补偿资金使用管理的绩效评价。2014 年 7 月由安徽省财政厅、原环保厅制定的《安徽省新安江流域生态环境补偿资金管理（暂行）办法》中有“监督管理”条款，但缺少绩效评价的具体要求。因此，建议主管部门完善监督检查机制，每年对各区（市）的生态补偿项目实施情况及资金使用情况进行监督检查和追踪问效。相关部门严格按照转移支付资金绩效目标管理的有关要求，强化绩效目标管理；积极培育生态服务价值评估机构，为市场机制建立提供基础。

4. 创新多元化生态补偿资金筹集和分配机制

生态补偿长效机制首先在于补偿资金是否充足稳定。目前新安江流域补偿资金主要来源于政府纵向转移支付，远远满足不了流域生态保护的实际需求。因此，还应该在加大各级政府财政资金转移支付力度的同时，建立多渠道、多层次、市场化的资金筹措机制。其次在于资金分配是否合理有效。目前，新安江流域生态补偿主体的确定比较模糊，需要进一步明晰。特别是应给与在进行流域生态保护过程中做出贡献的企业和农民应有的补偿。同时，拓展生态补偿方式，在流域上下游共建共享、产业融合发展、区域协同推进等方面实现创新和深化，构建“黄杭生态文明创建共同体”。全方位深化与杭州都市圈的战略合作，推进环境共治、规划共绘、交通共联、产业共兴、民生共享，积极创设产业项目对接平台，强化浙江省对安徽省尤其是黄山市在绿色产业培育、生态旅游发展等方面的扶持，努力打造国家生态补偿示范区。积极探索水权交易。

5. 建立更广泛的群众参与机制

坚持政府引导、市场驱动、群众参与、社会共治的方针，加大试点工作宣传力度，强化全社会生态保护优先、绿色高质量发展的理念。强化企业责任，把生态环境破坏的外部成本内部化，激励和倒逼企业自发推动转型升级。积极推广积分兑换超市和垃圾兑换超市做法，调动农户参与环境保护的积极性和自主性，建立市场驱动的利益激励机制，努力让群众切身感受到保护环境能带来更多的实惠和更美好的生活。强化应急处理机制落实，切实落实“地方为主、行业指导”的应急处置体系建设。

6. 优化环境监管体系建设

加快构建现代化环境监管体系，不断提高新安江生态环境管理水平。建立完善新安江流域区县出入境地表水考核断面监测体系，将监测结果作为补偿资金分配、补偿项目绩效考评及领导干部业绩考核的重要依据。持续深入开展水质指标变化、来源和防治研究分析工作。加快推进流域水质监测信息化管理系统、河长制信息化管理平台和重点河段视频监控信息化系统建设，实现重点区域环境监管全覆盖。加强生态环境保护执法队伍建设，加大综合执法检查力度。深化推行河（湖）长制和林长制改革，严格实行定期巡河、巡林制度，全力守护绿水青山。

7. 发展壮大生态经济

充分发挥上游地区的自身和区域优势，积极探索生态环境优势转化为生态经济优势的新路径，加快建设山水相济、人文共美的新安江生态经济示范区，努力打造新安江流域“两山论”转化示范区。以生态补偿试点为契机，结合产业结构调整和产业布局优化，逐步形成以旅游带动产业发展、以产业促进经济振兴、以经济增加税收收入、以税收加大生态投入、以生态打造旅游品牌的良性循环机制；以生态补偿试点为契机，争取在黄山市成立全国养老基地，打造成全国性的养老中心，大力发展养老经济；在上游合作共建浙商产业园，改“输血式”补偿为“造血式”补偿，缩小两省发展差距，实现两省共建共享、互利共赢。

第六章　新安江流域生态补偿机制绩效评价

自 2012 年开始的新安江流域上下游横向生态补偿试点实施以来，新安江上游水质连年为优，为周边地区带来极大的生态效益和经济效益。评价新安江流域生态补偿机制的绩效，一方面有助于检验生态补偿机制的实施效果；另一方面也有助于跨区域流域生态补偿试点的优化和推广。

一、新安江流域生态补偿的基本情况

（一）新安江流域补生态偿资金及考核方式

新安江流域生态补偿试点绩效考核标准见表 6－1 所列。主要的判定依据是 P 值的大小。

P 值根据新安江皖浙省界断面（街口断面）监测的水质指标——高锰酸钾指数、总氮、氨氮、总磷进行计算。计算公式如下：

$$P = k_0 \times \sum_{i=1}^{4} k_i \times \frac{C_i}{C_{i0}} = \mathring{a} \qquad (6-1)$$

其中，P——街口断面补偿指数；

k_0——水质稳定系数，考虑降雨和径流量等自然条件变化因素，$k_0 = 0.85$；

k_i——指标权重系数，按四项指标平均，$k_i = 0.25$；

C_i——某项指标的年均浓度值；

C_{i0}——某项指标的基本现值。

2018 年，新安江流域生态环境补偿试点工作已经进行到第三轮，在水质不断变好、周边居民生活质量提高的同时，生态补偿的考核标准也越来越严格。从第一轮试点到第二轮试点，考核标准提高了 7%，水质的监测点从 8 个增加到 42 个，监测项目从原来的 29 项增加到 109

项。第三轮试点中，为体现“问题导向”和“稳定向好”的原则，安徽、浙江两省在降低水体中总氮、总磷的指标以及进一步优化水质考核目标方面达成一致。新安江流域生态补偿试点绩效考核标准见表6-1所列。

表6-1 新安江流域生态补偿试点绩效考核标准

试点	时间	补偿资金及考核方式
第一轮	2012—2014年	中央资金每年3亿元，浙皖两省每年各出1亿元。三年累计出资15亿元。 以两省跨界断面水质四项指标测算的补偿指数P值作为评判标准。中央的3亿元无条件拨付给安徽，$P\leqslant1$，浙江出资1亿元给安徽；$P>1$或者新安江流域安徽省境内出现重大水污染事故，安徽出资1亿元给浙江。
第二轮	2015—2017年	中央资金总额保持不变，浙皖两省的补偿资金由每省每年出资1亿元提高至每省每年出资2亿元。三年累计出资21亿元。 继续以断截面水质测算的P值作为评判标准。突出“双提高”，分档补助，好水好价。即中央的3亿元无条件拨付给安徽，$P\leqslant1$，浙江出资1亿元给安徽；$P>1$，安徽出资1亿元给浙江。当$P\leqslant0.95$，浙江再补偿安徽1亿元。
第三轮	2018—2020年	两省每年继续出资2亿元，并继续争取中央资金支持。 在水质考核中加大总磷、总氮的权重，氨氮、高锰酸盐指数、总氮和总磷四项指标权重分别由原来的各25%调整为22%、22%、28%、28%。 相应提高水质稳定系数，由第二轮的89%提高到90%。

第三轮试点在货币化补偿的基础上，两省还将探索多元化的补偿方式，推进上下游地区在园区、产业、人才、文化、旅游、论坛等方面加强合作，进一步提高上游地区水环境治理和水生态保护的积极性。

（二）新安江流域生态补偿的实施现状

为了保障千岛湖的水质，2012年，在财政部、原环境保护部的指导下，安徽、浙江以水质“约法”，共同设立环境补偿基金，专项用于新安江流域治理。自此，中国首个跨省流域生态补偿机制试点——新安江流域生态补偿机制试点工作拉开帷幕。“亿元对赌水质”的制度设计，开启了中国跨省流域上下游横向补偿的“新安江模式”。

新安江生态补偿机制试点自2012年启动，两轮试点中，黄山市聚焦“水质更优”抓防治、聚焦“景色更美”抓联动、聚焦“产业更强”抓特色、聚焦“氛围更浓”抓引导、聚焦“制度更活”抓管理，累计投入逾127亿元推进新安江综合治理，共获得国家补偿20.5亿元、获得浙江省补偿9亿元、获得安徽省补偿10亿元。实施农村面源污染、城镇污水和垃圾处理、工业点源污染整治、生态修复工程、能力建设等项目225个，并与国家开发银行、国开证券等共同发起新安江绿色发展基金，促进产业转型和生态经济发展。为保一江清水，安徽省在2011年就把新安江综合治理作为生态强省建设的“一号工程”，把黄山列为全省唯一的四类市进行考核，降低GDP考核权重，加大生态环保考核权重。

跨安徽、浙江两省的新安江流域生态补偿试点经过两轮实施，实现了环境效益、经济效益、社会效益多赢的局面。安徽、浙江两省联合监测的最新数据显示，新安江上游流域总体水质为优；下游的千岛湖湖体水质总体稳定保持为Ⅰ类，营养状态指数由中营养变为贫营养，与新安江上游水质的变化趋势保持一致。生态环境部环境规划院的专项评估报告认为，新安江已经成为全国水质最好的河流之一。

时至今日，两省的“约法”已经进入第三轮。并已初步建立了较为科学的生态补偿标准体系、较为系统的生态保护体系、较为完备的环境治理体系、较为合理的绿色产业体系、较为严密的生态法治体系、较为健全的组织保障体系，撬动了全流域生态文明建设，实现生态效益、经济效益、社会效益同步提升。

二、数据分析

（一）评价指标选取与数据来源

1. 评价指标选取原则

评价指标体系是由多个指标构成的相互联系的统计指标群，要全面、客观、准确地建立评价指标体系。为确保指标体系有效性，建立评价指标体系时，主要遵循以下几个原则：

（1）系统性原则：各指标之间有一定的逻辑关系，不但要从不同的侧面反映生态、经济的主要特征和状态，而且要反映生态与经济系统的内在联系。各个指标间既相互独立又彼此联系。

（2）动态性原则：生态补偿工作的效益需要通过一段时间才能反映出来，因此要收集若干年度的变化数据，本书选取的是新安江流域补偿试点工作实施的 6 年间（即 2012—2017 年）的数据变化情况。

（3）可比性原则：在指标选择上，需要注意在总体范围内的一致性，指标选取的计算量度和计算方法必须一致，各指标应该要具有很强的现实可操作性和可比性。

（4）科学性原则：各指标的选择必须能客观反映生态、经济的变化特点，客观且全面地反映各指标间的真实关系，各评价指标应该具有典型代表性，不能过多过细，使指标过于烦琐，相互重叠，指标又不能过少过简，避免指标信息遗漏，出现错误、不真实现象，并且数据易获且计算方法简明易懂。

2. 绩效评价指标体系构建

本书在评价新安江流域生态补偿试点工作绩效时，将重点放在新安江流域周边的生态环境效益和社会经济效益的绩效评价上。生态环境效益评价主要分析新安江流域生态环境保护情况、环境污染防治成效、水资源节约和保护成效三个部分；社会经济效益评价主要研究新安江流域经济协调发展的能力。在指标选取方面，将森林覆盖率（%）、每年空气质量达到及好于二级的天数比例（%）作为评价生态环境保护情况的评价指标；由于新安江水质中的氮磷成分主要来源于生活污水排放、土壤中氮肥、磷肥等的肥料污染和工业废水排放，因此选取工业废水中污染物排放量（吨）、化肥使用量（吨）、城市污水处理厂集中处理率（%）、地表水功能区水质达标率（%）作为评价环境污染防治绩效的指标；将工业用水重复利用率（%）和万元 GDP 用水量（立方米）作为评价水资源节约与保护绩效的评价指标。在评价经济协调发展的指标选取上，我们选择了第三产业占比（%）、农村居民人均纯收入（元）和农村卫生厕所普及率（%）三个评价指标。新安江流域水环境补偿试点工作绩效评价的指标体系见表 6－2 所列。

表 6-2　新安江流域水环境补偿试点工作绩效评价的指标体系

目标	评价内容	指标选取
生态环境效益	生态环境保护	森林覆盖率（%）
		空气质量达到及好于二级的天数比例（%）
	环境污染防治	工业废水中污染物排放量（吨）
		化肥使用量（吨）
		城市污水处理厂集中处理率（%）
		地表水功能区水质达标率（%）
	水资源节约与保护	工业用水重复利用率（%）
		万元 GDP 用水量（立方米）
社会经济效益	经济协调发展	第三产业占比（%）
		农村居民人均纯收入（元）
		农村卫生厕所普及率（%）

3. 数据来源

新安江流域大部分位于安徽省黄山市，考虑数据的完整性和易得性，本书数据所涉及的范围仅包括安徽省黄山市的休宁县、祁门县、屯溪区、黄山区、徽州区、黟县和歙县共 7 个县区，本书的所有的指标数据都来源于《安徽省统计年鉴》《黄山市统计年鉴》《黄山市水资源公报》，部分指标可直接获得，部分指标需要简单计算。

（二）新安江流域生态补偿评价指标的变化情况

本书主要指标考察的时间范围是前两轮试点（2012—2017 年）后，新安江流域的生态保护投入和生态环境改善情况，反映新安江流域环境补偿试点工作的实施为新安江流域带来的社会经济效益与生态环境改善情况。

1. 黄山市新安江流域生态环境改善情况

（1）新安江流域生态环境保护指标变化情况

2012 年新安江生态补偿试点实施以来，安徽省黄山市大力推进新安江流域生态建设与保护，利用绿化造林和生态修复保障新安江流域的生态环境。新安江流域的森林覆盖率从 2012 年的 79.63%上升至 2017 年的 82.9%；2013 年起，新安江流域森林覆盖率就已超过 80%；

2014—2016 年新安江流域森林覆盖率逐年上升，2016 年森林覆盖率达到最高值 83.25%；2017 年的森林覆盖率稍有下降，相比 2016 年下降了 0.35 个百分点。整体来说，新安江流域的森林覆盖率稳步提高，黄山市的绿化造林和生态修复取得了良好的效果。

反映新安江流域空气质量变化指标——空气质量达到及好于二级的天数比例在 2012 年为 100%；随后 3 年空气质量水平连续下降，空气质量达到及好于二级的天数比例分别为 99.4%、99.1%和 94.7%；近 2 年新安江流域空气质量又得到了改善，达到及好于二级的天数逐年增加，天数比例分别为 97.3%和 98.1%。黄山市大力推行绿化造林、减少工业废气的排放，防治空气污染，使空气质量得到恢复（图 6－1）。

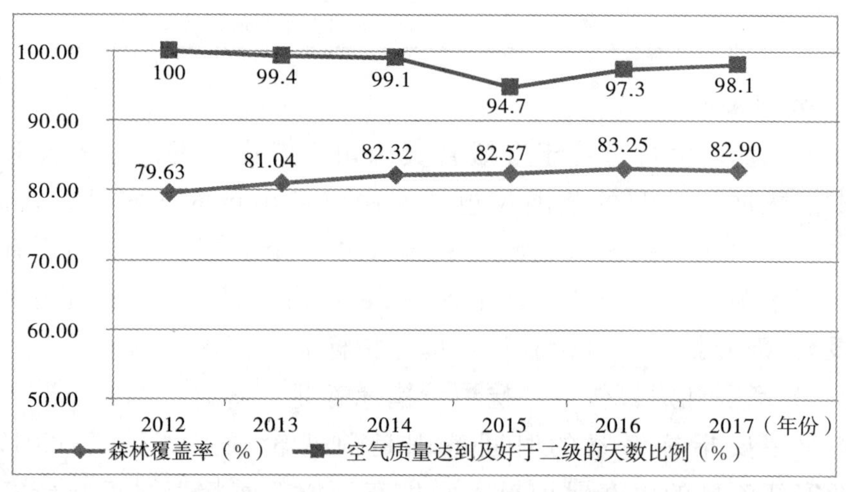

图 6－1　2012—2017 年新安江流域生态环境保护指标变化情况

（2）新安江流域环境污染防治指标变化情况

2012 年新安江流域工业废水中污染物的排放量为 1150.53 吨，随后 3 年工业废水中污染物排放量略有增加，分别为 1211.3 吨、1264.52 吨和 1317.1 吨；2016 年工业废水中污染物排放量较上年相比减少 48.8 吨，为 1271.3 吨；2017 年又减少到 1208.29 吨。黄山市加大工业污染防治力度，工业废水中污染物的排放量在近两年得到控制，持续降低。

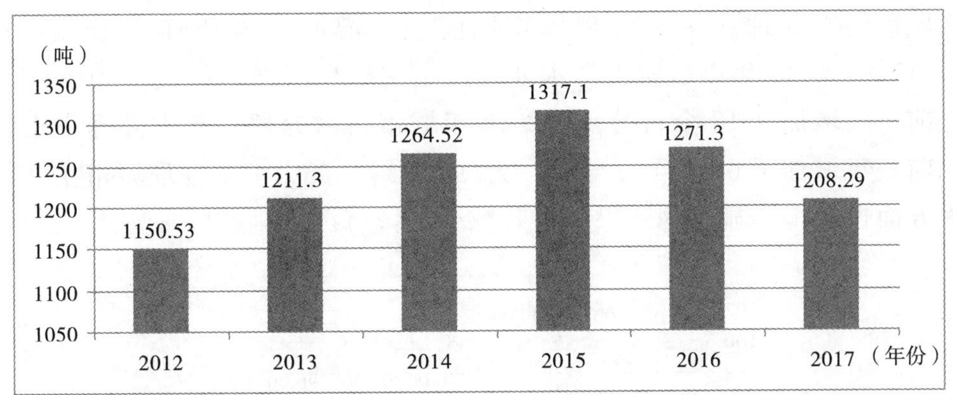

图 6 - 2　2012—2017 年新安江流域工业废水中污染物排放量变化情况

2012—2017 年新安江流域化肥使用量整体上呈下降趋势（图 6 - 3），2012 年化肥使用量为 39932 吨；2013 年、2014 年化肥使用量连续减少，分别为 39202 吨和 38506 吨；2015 年与 2014 年相比增加了 58 吨，为 38564 吨；2016 年和 2017 年化肥使用量大幅减少，分别为 36794 吨和 36007 吨。新安江流域化肥使用量的递减趋势表明，黄山市在减少农业污染方面成果显著，有效减少了农业污染的排放引起的水质富营养化。

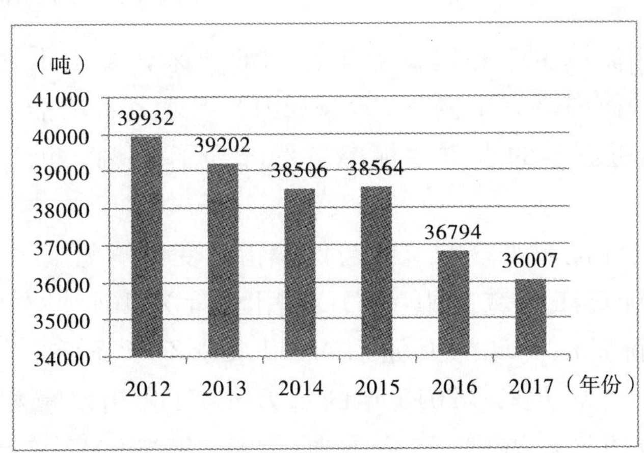

图 6 - 3　2012—2017 年新安江流域化肥使用量变化情况

新安江流域生态补偿工作实施以来，城市污水处理厂集中处理率逐年递增，从 2012 年的 89.76%上升至 2017 年的 96.03%。其中，2013 年城市污水处理厂集中处理率相比上年增加了 1.6%，为 91.36%；2014

年城市污水处理厂集中处理率相比前一年增加了2.75个百分点，为94.11%；2014年以后城市污水处理厂集中处理率增速放缓，2015年仅比前一年增加0.18个百分点；2016年城市污水处理厂集中处理率也仅比前一年增加了0.25个百分点，为94.54%。黄山市在处理城市生活污水方面也取得了显著的效果，有效减少了城市污染。

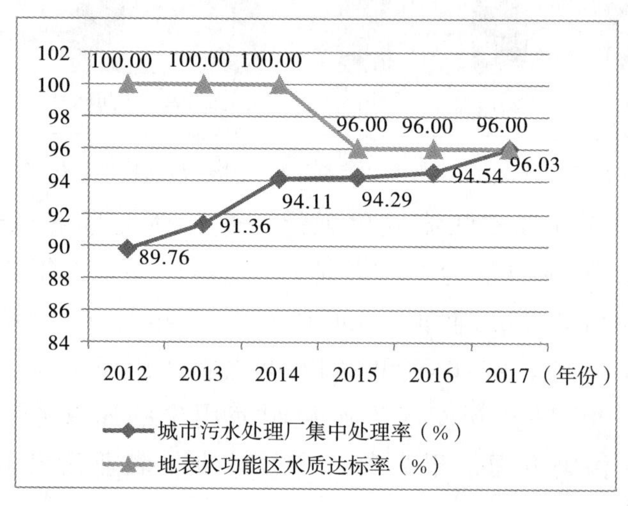

图6-4 2012—2017年新安江流域环境污染防治指标变化情况

在新安江流域生态补偿试点工作的6年来，黄山市地表水功能区水质达标率平稳中略有下降。2012—2014年地表水功能区水质达标率为100%，而近三年的水质达标率虽然降到了96%，仍好于绝大部分水域。

（3）新安江流域水资源节约与保护指标变化情况

2012年新安江流域的万元GDP用水量为101.89立方米；2013年、2014年新安江流域的万元GDP用水量不断降低，分别为92.16立方米和79.07立方米；2015年的每万元GDP用水量相比上一年增加了12.66立方米，为91.73立方米；2016年与2017年新安江流域万元GDP用水量逐年减少，分别为80.28立方米和72.63立方米。新安江流域生态补偿试点工作实施以来，黄山市万元GDP用水量虽然在2015年略有增加，整体仍呈现下降趋势，黄山市在水资源节约和保护的落实工作上取得了良好成效（图6-5）。

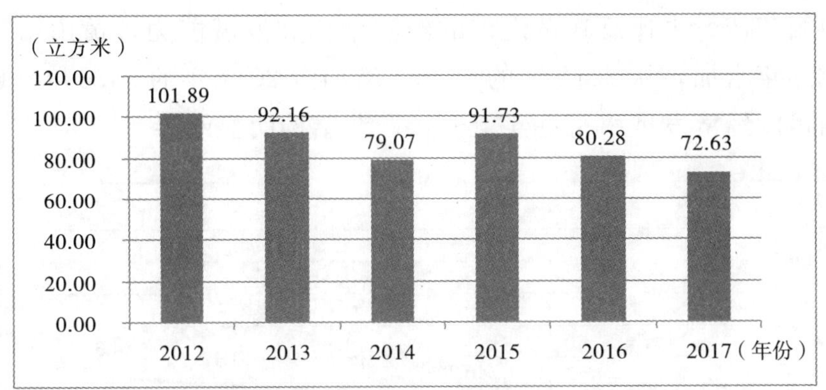

图 6－5　2012—2017 年新安江流域万元 GDP 用水量变化情况

黄山市工业用水的重复利用率在 2017 年以前逐年递减，2017 年大幅上升。2012 年黄山市工业用水的重复利用率为 21.84%；随后 4 年的工业用水重复利用率连续下降，2013—2015 年的工业用水重复利用率分别为 16.25%、15.75% 和 13.65%；2016 年降低至 12.59%，比 2015 年降低了 1.06 个百分点；2017 年的工业用水重复利用率大幅提升至 25.39%，是新安江补偿试点工作实施以来的最高值，相比上年增加了 12.8 个百分点。

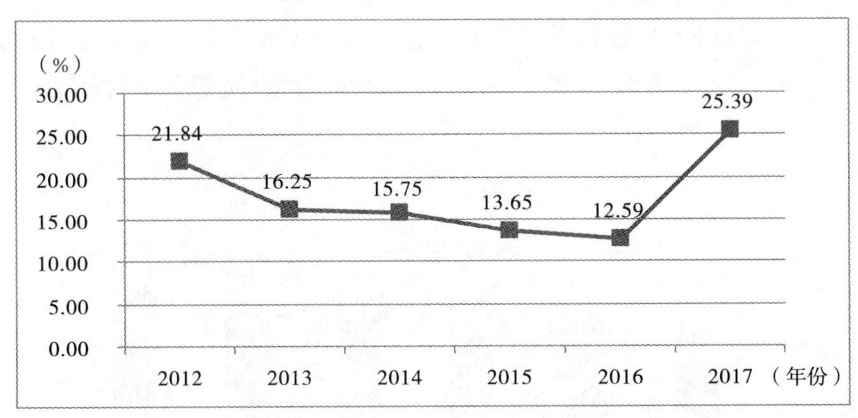

图 6－6　2012—2017 年新安江流域工业用水重复利用率变化情况

2. 黄山市新安江流域社会经济发展情况

研究新安江流域水环境补偿对黄山经济发展的影响，可以对新安江生态补偿工作实施后黄山市的经济发展状况进行描述性分析。本书选取黄山市第三产业占比反映黄山市的经济结构和发展能力。黄山市第三产业占比逐年增加，从2012年的42.3%增加至2017年的54.3%。数据表明黄山市的经济发展水平逐年上升，产业结构明显改善（图6-7）。

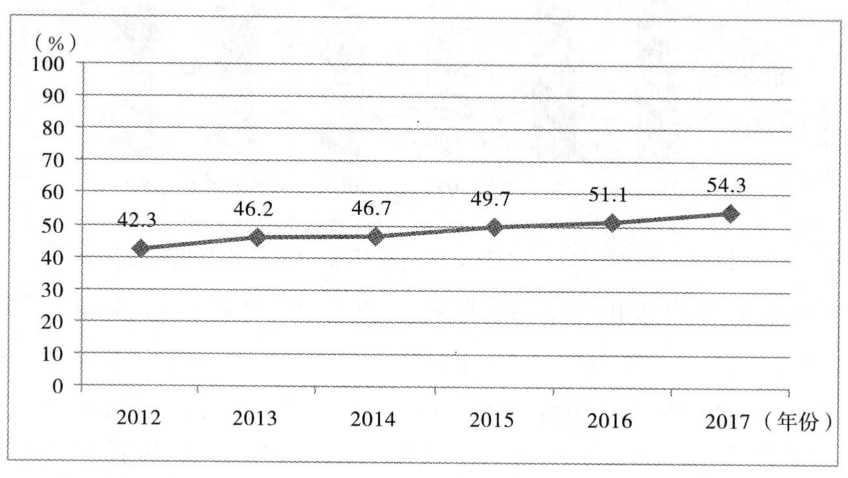

图6-7 2012—2017年新安江流域第三产业占比变化情况

黄山市的农村居民人均纯收入从2012年到2017年稳步上升，2012年黄山市农村居民人均纯收入为9161元；2013—2017年黄山市农村居民人均纯收入分别为10389元、10942元、11872元、12869元和14034元。黄山市农村居民的收入水平和生活质量不断提高（图6-8）。

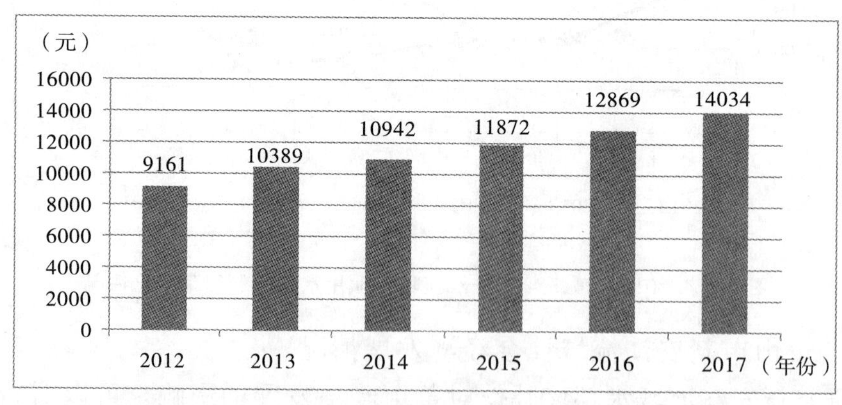

图6-8 2012—2017年新安江流域农村居民人均纯收入变化情况

农村卫生厕所普及率的提高表明农村的生活质量提高，居民的卫生意识得到很大提升，卫生条件得以加强。厕改也是重要的环境保护措施之一，卫生厕所的普及可以有效改善粪便污染。2012—2017 年黄山市农村卫生厕所普及率逐年提高，2012 年黄山市农村厕所普及率仅为 58.22%；2013 年黄山市卫生厕所普及率达到 81.69%，超过了 80%；2014—2016 年黄山市农村卫生厕所普及率平稳增长；2017 年普及率已上升至 86.66%（图 6-9）。

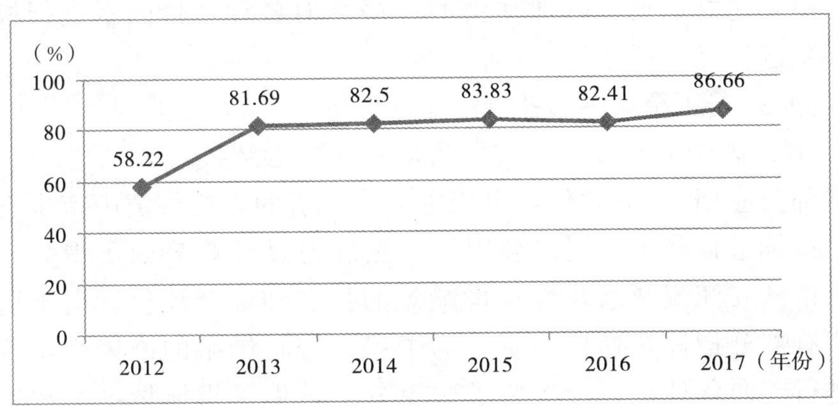

图 6-9 2012—2017 年新安江流域农村卫生厕所普及率变化情况

（三）新安江流域生态补偿绩效综合评价

此次选取具有代表性的三种评价方法——因子分析法、熵值法和灰色综合评价法，对新安江流域水环境生态补偿每一年的绩效进行评分和排序。再用合适的方法对这三种方法进行组合评价，得出每年的组合评价值，并根据组合评价值对新安江流域的生态补偿绩效进行排名。

1. 因子分析法

因子分析的基本目的就是用少数几个因子去描述许多指标或因素之间的联系，即将比较密切的几个变量归在同一类中，每一类变量就成为一个因子，以较少的几个因子反映原资料的大部分信息。

2. 熵值法

熵值法是一种客观赋权方法，它通过计算指标的信息熵，根据指标的相对变化程度对系统整体的影响来决定指标的权重，相对变化程度大的指标具有相对大的权重。信息熵描述样本数据变化的相对速率，系数越接近1，距目标就越接近；系数越接近0，距目标就越远。利用熵值法确定权重，能够消除人为因素的干扰，使评价结果更加科学。

3. 灰色综合评价法

灰色综合评价即是在灰色关联度分析的基础上进行的评价，是在多因素相互作用下的一种综合判断，灰色关联度分析是一种多因素统计分析方法，用灰色关联度描述因素关系的强弱、大小和次序。其过程是：（1）建立灰色综合评估模型；（2）对各种评价因素进行权重选择；（3）进行综合评估。

（四）新安江流域生态补偿绩效评价结果分析

1. 利用因子分析评价新安江流域生态补偿绩效

本部分应用 stata 软件，采用主成分分析的方法将黄山市生态补偿绩效的指标进行降维，提出公因子，然后通过计算公因子得分，实现对黄山市新安江流域水环境补偿绩效的排名和综合评价。由于选取的指标中有部分指标是逆向指标，为了保证分析结果的准确性，首先对指标进行正向化处理。其次为了避免分析结果受指标量纲和数量级的影响，保证其客观性和科学性，在进行数据分析前先对原始数据做标准化处理，保证其客观性和科学性。

（1）利用因子分析评价新安江流域生态环境保护绩效

利用 stata 软件对新安江流域生态环境保护绩效进行主成分分析，得到不同主成分对应的特征值、方差贡献率以及成分矩阵，见表6-3所列。

表6-3　新安江流域生态环境保护指标的主成分分析对应的特征值、方差贡献率

因子	特征值	方差	方差贡献率	累计方差贡献率
成分1	5.14096	3.18585	0.6426	0.6426
成分2	1.95511	1.22078	0.2444	0.8870
成分3	0.73433	0.56754	0.0918	0.9788
成分4	0.16679	0.16398	0.0208	0.9996
成分5	0.00281	0.00281	0.0004	1.0000

根据主成分提取的准则，应选取特征值大于1的因子，提取的累计方差贡献率应大于85%，从表6-3可以得出，前两个成分的特征值大于1且累计方差贡献率达到了88.7%，故提取前两个主成分进行因子分析。新安江流域生态环境保护指标的因子载荷阵见表6-4所列。

表6-4　新安江流域生态环境保护指标的因子载荷阵

变量	因子1	因子2
森林覆盖率（%）	0.9850	0.0325
空气质量达到及好于二级的天数比例（%）	－0.7499	0.5140
工业废水中污染物排放量（吨）	－0.7542	0.6170
化肥使用量（吨）	0.8381	0.5092
城市污水处理厂集中处理率（%）	0.9669	0.2155
地表水功能区水质达标率（%）	－0.8556	－0.0265
万元GDP用水量（立方米）	0.7748	0.5031
工业用水重复利用率（%）	－0.2642	0.8658

为了更加明确各个公因子的意义，以便进一步进行分析，我们将因子载荷阵进行旋转，旋转后新安江流域生态环境保护指标的因子载荷阵见表6-5所列。

表6-5　旋转后新安江流域生态环境保护指标的因子载荷阵

变量	因子1	因子2
森林覆盖率（%）	0.8647	－0.4729
空气质量达到及好于二级的天数比例（%）	－0.3844	0.8239
工业废水中污染物排放量（吨）	－0.3357	0.9148
化肥使用量（吨）	0.9806	0.0123
城市污水处理厂集中处理率（%）	0.9422	－0.3061
地表水功能区水质达标率（%）	－0.7502	0.4122
万元GDP用水量（立方米）	0.9230	0.0392
工业用水重复利用率（%）	0.2127	0.8799

从因子载荷阵可以看出，森林覆盖率、化肥使用量、城镇污水处理厂集中处理率、地表水功能区水质达标率和万元GDP用水量在因子

1上有较高载荷，故因子1反映了新安江流域农业污染和居民生活污染治理情况对生态环境保护绩效的影响。空气质量达到及好于二级的天数比例、工业废水中污染物排放量和工业用水重复利用率在因子2上有较大载荷，故因子2反映了新安江流域工业污染治理情况对生态环境保护绩效的影响。通过计算因子得分，将2012—2017年新安江流域生态环境保护因子1和因子2的得分分别进行排名。得到2012—2017年新安江流域环境保护指标的因子得分表及各年份得分排名，见表6-6所列。

表6-6 2012—2017年新安江流域环境保护指标的因子得分表及各年份得分排名

年份	因子1得分	因子1得分排名	因子2得分	因子2得分排名
2012	−1.261324	6	0.991371	2
2013	−0.8036392	5	0.1890068	3
2014	0.0104745	3	−0.0513912	4
2015	−0.1083715	4	−1.536673	6
2016	0.6273437	2	−0.6720427	5
2017	1.535517	1	1.079729	1

从表6-6可以看出，新安江流域的生活污染治理和农业污染治理能力逐年加强，2012—2017年因子1的得分明显提高，排名逐渐上升，黄山市在城乡环境治理、生活污水处理、水资源重复利用方面取得了良好的效果。

2012年新安江流域水环境补偿第一轮试点工作开始实施之后，新安江流域的工业污染治理效果明显，2012年的工业污染治理情况在6年中排名第二。但是随后几年排名呈下降趋势，直到2015年下降至最低。2015年第二轮试点启动后，工业污染治理重新得到重视，工业污染情况开始好转。2016年工业污染治理因子的得分排名开始提高，排名第5位。2017年的工业污染治理绩效排在新安江流域生态补偿试点工作实施6年以来的榜首，近两年黄山市在工业污染治理方面取得突出成绩。

最后利用因子1和因子2的得分求出综合因子得分，并将综合因子得分进行排名，综合得分的计算公式为：

$$Score=(0.643\times f_1+0.244\times f_2)/0.887 \quad (6-2)$$

新安江流域生态环境保护绩效综合因子得分及各年份得分排名见表 6－7 所列。

表 6－7　新安江流域生态环境保护绩效综合因子得分及各年份得分排名

年份	综合得分	排名
2012	－0.64	6
2013	－0.53	5
2014	－0.01	3
2015	－0.50	4
2016	0.27	2
2017	1.41	1

新安江流域水环境生态环境保护综合绩效排名在每轮试点期内呈逐渐上升趋势。2012 年新安江流域生态环境保护绩效的排名最低，随后两年新安江流域环境状况不断改善。第二轮试点开始于 2015 年，当年排名较 2014 年下降了一位，但随后 2016 年和 2017 年新安江流域环境条件改善明显，综合得分排名分别为 6 年中的第 2 位和第 1 位。

（2）利用因子分析评价新安江流域社会经济发展绩效

笔者接下来对新安江流域社会经济绩效进行主成分分析，得到不同主成分对应的特征值、方差贡献率以及成分矩阵，见表 6－8 所列。

表 6－8　新安江流域社会经济发展指标的主成分分析对应的特征值、方差贡献率

因子	特征值	方差	方差贡献率	累计方差贡献率
成分 1	2.70033	2.40469	0.9001	0.9001
成分 2	0.29564	0.29161	0.0985	0.9987
成分 3	0.00403	0.004	0.0013	1.0000

由于只有成分 1 的特征值大于 1，且累计方差贡献率达到了 90％，因此只需提取一个主成分进行因子分析，公因子反映新安江流域社会经济发展水平。2012—2017 年新安江流域社会经济发展指标的因子得分及排名见表 6－9 所列。

表 6－9　2012—2017 年新安江流域社会经济发展指标的因子得分及排名

年份	因子得分	因子得分排名
2012	－1.675974	6
2013	－0.3435692	5
2014	－0.1615686	4
2015	0.3307646	3
2016	0.5892636	2
2017	1.261083	1

从表 6－9 可以看出，新安江流域社会经济发展越来越好，公因子得分明显逐年提高，排名连续上升，安徽省黄山市在进行新安江流域水环境生态环境保护的同时大力发展经济，居民可支配收入不断增加，人民生活方式得到改善，人民生活水平不断提高。

（3）利用因子分析评价新安江流域生态补偿综合绩效

最后综合分析新安江流域生态环境效益指标和社会经济效益指标，利用因子分析方法评价新安江流域生态补偿的综合绩效。首先对新安江流域水环境补偿绩效指标进行主成分分析，得到不同主成分对应的特征值、方差贡献率以及成分矩阵，见表 6－10 所列。

表 6－10　新安江流域生态补偿综合绩效指标主成分分析对应的特征值、方差贡献率

因子	特征值	方差	方差贡献率	累计方差贡献率
成分 1	7.58635	5.46747	0.6897	0.6897
成分 2	2.11887	1.24657	0.1926	0.8823
成分 3	0.87230	0.60871	0.0793	0.9616
成分 4	0.26359	0.10471	0.0240	0.9856
成分 5	0.15888	0.15888	0.0144	1.0000

根据主成分提取的原则，应选取特征值大于 1 的因子，提取累计方差贡献率应大于 85％，从表 6－11 可以得出，前两个成分的特征值大于 1，且累计方差贡献率达到了 88％，故提取前两个主成分进行因子分析。新安江流域生态补偿综合绩效各指标的因子载荷阵见表 6－11 所列。

表 6-11　新安江流域生态补偿综合绩效各指标的因子载荷阵

变量	因子 1	因子 2
森林覆盖率（%）	0.9768	−0.1142
空气质量达到及好于二级的天数比例（%）	−0.6686	0.5735
工业废水中污染物排放量（吨）	−0.6718	0.7151
化肥使用量（吨）	0.8899	0.4084
城市污水处理厂集中处理率（%）	0.9707	0.1031
地表水功能区水质达标率（%）	−0.8479	0.0438
万元 GDP 用水量（立方米）	0.8258	0.3800
工业用水重复利用率（%）	−0.1642	0.8982
第三产业占比（%）	0.9588	0.2273
农村居民人均纯收入（元）	0.9539	0.2688
农村卫生厕所普及率（%）	0.8618	−0.1063

从上面的因子载荷阵可以看出空气质量达到及好于二级的天数比例、工业废水中污染物的排放量等指标在因子 1 和因子 2 上都有较大载荷，为了更加明确各个公因子的意义，我们将因子载荷阵进行旋转，正交旋转后新安江流域生态补偿综合绩效的各指标因子载荷阵见表 6-12 所列。

表 6-12　正交旋转后新安江流域生态补偿综合绩效的各指标因子载荷阵

变量	因子 1	因子 2
森林覆盖率（%）	0.8489	−0.4966
空气质量达到及好于二级的天数比例（%）	−0.3822	0.7936
工业废水中污染物排放量（吨）	−0.3284	0.9246
化肥使用量（吨）	0.9790	0.0170
城市污水处理厂集中处理率（%）	0.9305	−0.2951
地表水功能区水质达标率（%）	−0.7590	0.3804
万元 GDP 用水量（立方米）	0.9089	0.0167
工业用水重复利用率（%）	0.2101	0.8885
第三产业占比（%）	0.9694	−0.1766
农村居民人均纯收入（元）	0.9816	−0.1366
农村卫生厕所普及率（%）	0.7467	−0.4432

旋转后的因子载荷阵表明，森林覆盖率、化肥使用量、城镇污水

处理厂集中处理率、地表水功能区水质达标率、万元GDP用水量、第三产业占比、农村居民人均纯收入和农村卫生厕所普及率在因子1上有较高载荷，故因子1反映了新安江流域城乡的协调发展能力对生态补偿综合绩效的影响。空气质量达到及好于二级的天数比例、工业废水中污染物排放量和工业用水重复利用率三个指标在因子2上有较大载荷，故因子2反映了新安江流域工业污染治理情况对生态补偿综合绩效的影响。计算因子得分，得到2012—2017年黄山市在因子1和因子2上的得分和排名，见表6-13所列。

表6-13 2012—2017年新安江流域生态补偿综合绩效因子得分及各年份得分排名

年份	因子1得分	因子1得分排名	因子2得分	因子2得分排名
2012	−1.317145	6	1.060003	2
2013	−0.6583327	5	0.1267011	3
2014	−0.1032278	4	−0.1450636	4
2015	−0.0719098	3	−1.496829	6
2016	0.5736469	2	−0.637045	5
2017	1.576968	1	1.092233	1

将2012—2017年新安江流域因子1和因子2的得分分别进行排名。结果显示，因子1的排名不断上升，新安江流域的城乡协调发展能力逐年加强，安徽省黄山市在城乡环境治理与保护、提高居民的环保意识、改善人民生活环境方面取得了良好的效果。

因子2反映的工业污染治理情况与前文评价新安江流域生态环境保护绩效时的结果一样，此处不再赘述。

利用因子1和因子2的得分求出新安江流域水环境绩效补偿的综合因子得分，并将综合因子得分进行排名，建立的综合得分公式为：

$$\text{Score} = (0.6096 \times f_1 + 0.2727 \times f_2) / 0.8823 \qquad (6-3)$$

2012—2017年新安江生态补偿的综合因子得分及各年份得分排名

情况见表 6－14 所列。

表 6－14　2012—2017 年新安江生态补偿的综合因子得分及各年份得分排名

年份	综合得分	排名
2012	－0.58	6
2013	－0.42	4
2014	－0.12	3
2015	－0.51	5
2016	0.20	2
2017	1.43	1

排名显示新安江流域水环境补偿绩效在每轮试点工作中呈上升趋势，近两年综合评分分别处在第一、第二的位置，新安江流域水环境治理效果明显。2012 年第一轮生态补偿试点工作刚开始时，新安江流域的综合得分最低，随着环境保护工作的推进和落实，新安江流域生态环境、经济、人民生活逐渐变好。而 2015 年由于工业污染治理能力不足，工业废水排放量增加，2015 年的工业污染加重，生态补偿综合得分降低，综合得分的排名仅好于 2012 年。随着 2015 年第二轮试点工作的进行，2016 年和 2017 年工业污染治理情况明显改善，新安江流域水环境补偿综合得分得到显著提高，新安江流域的环境得到明显的改善，经济发展也连年提升。

2. 基于熵值法对新安江流域生态补偿绩效评价

由于样本年份偏少，因子分析方法得到的结果不够稳定，因此本部分我们采用熵值法对新安江流域水环境补偿绩效进行加权分析，综合比较因子分析的结论进行评估，以保证评价结果的准确性。

（1）利用熵值法评价新安江流域生态环境保护绩效

通过上述理论步骤，利用 Excel 算得新安江流域生态环境绩效指标的加权值分别为 0.101、0.094、0.102、0.119、0.104、0.241、0.106 和 0.106。计算出 2012—2017 年熵值法下新安江流域生态环境保护绩效综合评价见表 6－15 所列。

表6-15　2012—2017年熵值法下新安江流域生态环境保护绩效综合评价

年份	熵值法得分	排名
2012	1.53	4
2013	1.55	3
2014	1.66	2
2015	1.25	6
2016	1.43	5
2017	1.68	1

新安江流域的生态环境状况在第一轮试点中改善明显，2014年新安江流域生态环境绩效位居新安江流域水环境补偿试点工作6年来的第二位，仅次于2017年。2015年的生态环境情况不太理想，在参与评价的6年里排名末位，由之前的分析可知是当年黄山市工业污染物排放量的增加导致当年环境情况不理想，随后两年随着新一轮试点工作的进行，新安江流域的生态环境情况得到改善，生态环境绩效的排名逐年上升，2017年的生态环境绩效排名上升至第1名。

（2）利用熵值法评价新安江流域社会经济发展绩效

计算得到新安江流域社会经济绩效指标的加权值分别为0.334、0.358、0.308。计算出2012—2017年熵值法下新安江流域社会经济发展绩效综合评价见表6-16所列。

表6-16　2012—2017年熵值法下新安江流域社会经济发展绩效综合评价

年份	熵值法得分	排名
2012	1.00	6
2013	1.45	5
2014	1.52	4
2015	1.68	3
2016	1.78	2
2017	2.00	1

2012—2017年安徽省黄山市的经济不断发展，排名呈逐渐上升趋

势。第三产业占比、农村居民人均纯收入和农村卫生厕所普及率三个指标的最大值都出现在 2017 年，这表明新安江流域居民生活质量越来越好，收入越来越高，生活条件不断提高，生活环境得到改善，人民的卫生意识、环保意识都得到了显著的增强。

（3）利用熵值法评价新安江流域生态补偿综合绩效

通过计算可以得出新安江流域水环境补偿绩效评价的各个指标的权重分别为 0.08、0.07、0.08、0.09、0.08、0.19、0.08、0.10、0.08、0.08 和 0.07。通过计算得到 2012—2017 年熵值法下新安江流域水环境补偿绩效的综合评价排名。具体排名见表 6-17 所列。

表 6-17　2012—2017 年熵值法下新安江流域水环境补偿绩效综合评价

年份	熵值法得分	排名
2012	1.41	5
2013	1.53	3
2014	1.62	2
2015	1.35	6
2016	1.51	4
2017	1.75	1

利用熵值法计算的新安江流域生态补偿各年绩效的得分排名和因子分析的结果基本相同，整体趋势都是从 2012 年新安江流域水环境补偿工作实施开始，生态补偿的优势逐年凸显，2012—2014 年绩效排名连续上升，但是由于 2015 年环境保护工作监管不力，工业污染物排放量增加，导致当年的新安江流域生态补偿综合绩效排名大幅降低，随着第二轮生态补偿试点的开展，2016 年和 2017 年的生态环境改善明显，经济增长明显，2017 年新安江流域环境补偿绩效达到试点 6 年来的最优水平。

3. 利用灰色综合评价法评价新安江流域生态补偿绩效

灰色综合评价即在灰色关联度分析的基础上进行的评价，关联度分析是灰色系统理论中应用最广泛的一种方法。本部分通过灰色关联度分析对 2012—2017 年新安江流域生态环境补偿绩效进行综合评价。

（1）利用灰色综合评价法评价新安江流域生态环境保护绩效

2012—2017 年灰色综合评价法下新安江流域生态环境保护绩效综合评价见表 6－18 所列。

表 6－18 2012—2017 年灰色综合评价法下新安江流域生态环境保护绩效综合评价

年份	得分	排名
2012	0.67	2
2013	0.61	4
2014	0.66	3
2015	0.43	6
2016	0.54	5
2017	0.74	1

利用灰色综合评价法测得 2012—2017 年新安江流域生态环境改善情况存在波动。2012 年新安江流域生态环境情况在 6 年中排在第 2 位；2013 年新安江流域环境情况较 2012 年稍有下降，2014 年新安江流域环境情况又得到提升，排在第 3 位；2015 年新安江流域环境情况仍是 6 年中的最后一名；2016 年以后环境情况改善明显；2017 年环境保护绩效排名上升至第一位。

（2）利用灰色综合评价法评价新安江流域社会经济发展绩效

2012—2017 年灰色综合评价法下新安江流域社会经济发展绩效综合评价见表 6－19 所列。

表 6－19 2012—2017 年灰色综合评价法下新安江流域社会经济发展绩效综合评价

年份	得分	排名
2012	0.33	6
2013	0.51	5
2014	0.54	4
2015	0.64	3
2016	0.70	2
2017	1	1

通过灰色综合评价法分析新安江流域经济发展状况可以得到和上面两个方法相同的结果，2012—2017 年黄山市经济水平逐渐提高，人民生活条件不断改善，居民收入提高。

（3）利用灰色综合评价法评价新安江流域生态补偿综合绩效

2012—2017 年灰色综合评价法下新安江流域生态补偿综合绩效综合评价见表 6 - 20 所列。

表 6 - 20　2012—2017 年灰色综合评价法下新安江流域生态补偿综合绩效综合评价

年份	得分	排名
2012	0.5906	2
2013	0.5875	4
2014	0.6368	3
2015	0.477	6
2016	0.5745	5
2017	0.8006	1

利用灰色综合评价法得到的新安江流域生态补偿综合绩效的排名情况存在波动，近两年的生态补偿绩效提升明显。2012 年新安江流域生态补偿试点工作实施效果明显，综合绩效排在第 2 位；2013 年新安江流域生态补偿绩效排名略有降低，排在第 4 位；2014 年排名上升，排在第 3 位；2015 年新安江流域生态补偿工作实施效果不佳，排在试点实行以来的最后一位；第二轮试点工作进行后，新安江流域生态补偿绩效排名逐年上升，2017 年新安江流域生态保护和经济发展上升至最佳水平。

4. 组合评价下新安江流域生态绩效的综合评价

（1）组合评价下评价新安江流域生态环境保护绩效

利用平均值法将上述三种分析结果进行组合评价，计算每个年份在不同方法下的得分平均值，按照平均值大小进行排序，若有两个年份的平均得分相同，则每年在不同方法下的得分标准差越小越好，最终测得的得分和排名情况见表 6 - 21 所列。

表6-21 按照平均值法算得新安江流域生态环境保护绩效的得分和排名

年份	因子分子法		熵值法		灰色综合评价法		平均值法	
	得分	排名	得分	排名	得分	排名	得分	排名
2012	−0.64	6	1.53	4	0.67	2	3	5
2013	−0.53	5	1.55	3	0.61	4	3	3
2014	−0.01	3	1.66	2	0.66	3	4	2
2015	−0.50	4	1.25	6	0.43	6	2	6
2016	0.27	2	1.43	5	0.54	5	3	4
2017	1.41	1	1.68	1	0.74	1	6	1

利用平均值法算得的组合评价得分显示，2012年新安江流域生态环境保护情况排名第5，随后两年环境情况逐渐改善，分别排名第3位、第2位；2015年新安江流域生态保护绩效大幅降低，排名在生态保护工作进行的6年中的末位，2016年和2017年新安江的环境情况有所改善，2017年排名达到了第1位。

（2）组合评价下评价新安江流域社会经济发展绩效

按照平均值法算得新安江流域经济发展绩效的得分和排名情况见表6-22所列。

表6-22 按照平均值法算得新安江流域经济发展绩效的得分和排名情况

年份	因子分子法		熵值法		灰色综合评价法		平均值法	
	得分	排名	得分	排名	得分	排名	得分	排名
2012	−1.68	6	1.00	6	0.33	6	1	6
2013	−0.34	5	1.45	5	0.51	5	2	5
2014	−0.16	4	1.52	4	0.54	4	3	4
2015	0.33	3	1.68	3	0.64	3	4	3
2016	0.59	2	1.78	2	0.70	2	5	2
2017	1.26	1	2.00	1	1	1	6	1

新安江流域社会经济发展绩效的组合评价排名显示，新安江流域的经济连年发展，经济发展绩效排名逐年上升，黄山市的经济结构逐年改善、经济持续发展。

（3）组合评价下评价新安江流域生态补偿综合绩效

按照平均值法算得新安江流域生态补偿综合绩效的得分和排名情况见表 6-23 所列。

表 6-23　按照平均值法算得新安江流域生态补偿综合绩效的得分和排名情况

年份	因子分子法		熵值法		灰色综合评价法		平均值法	
	得分	排名	得分	排名	得分	排名	得分	排名
2012	−0.58	6	1.41	5	0.5906	2	2.67	5
2013	−0.42	4	1.53	3	0.5875	4	3.33	3
2014	−0.12	3	1.62	2	0.6368	3	4.33	2
2015	−0.51	5	1.35	6	0.477	6	1.33	6
2016	0.20	2	1.51	4	0.5745	5	3.33	4
2017	1.43	1	1.75	1	0.8006	1	6	1

新安江流域生态补偿综合绩效排名显示：2012 年新安江流域水环境补偿工作实施，生态补偿工作的效果明显，2012—2014 年生态补偿综合绩效排名连续上升。但是在 2015 年由于环境管理协议约束减弱，工业污染物的排放量增加，当年新安江流域生态补偿综合绩效排名大幅降低，2016 年第二轮生态补偿试点协议签订，2016 年和 2017 年生态环境改善明显，经济显著增长，新安江流域正在变得更绿色、更文明。

三、结论和工作建议

（一）结论

1. 新安江流域生态环境情况改善明显

从综合因子分析和熵值法的分析结果来看，虽然新安江流域的生态环境保护绩效排名在 2012—2017 年间存在波动，但是在每轮试点工作的 3 年里生态环境情况不断改善，新安江流域水环境补偿试点工作对环境的治理和保护效果明显。

2. 黄山市人民生活水平提高，居民收入增加

黄山市在落实新安江流域水环境补偿工作时，综合考虑了经济、

环境和人民生活的可持续发展。例如：积极落实农村卫生厕所的普及，既有利于减少粪便对水质的污染，又有利于建立农村居民的卫生意识和环境保护意识，加强了农村居民的素质教育和农村经济环境的协调发展。在新安江流域水环境补偿试点实行的6年间，黄山市经济指标持续增长，产业结构适合环境保护工作的开展，人民环保意识提高，生活条件明显改善。

3. 新安江流域水环境补偿工作达到预期效果

新安江流域已经初步建立了较为科学的生态补偿标准体系，撬动了全流域生态文明建设，实现生态效益、经济效益、社会效益同步提升。目前，新安江上游流域总体水质为优；下游的千岛湖湖体水质总体稳定保持为Ⅰ类，营养状态指数由中营养变为贫营养，与新安江上游水质变化趋势保持一致。生态环境部环境规划院的专项评估报告认为，新安江已经成为全国水质最好的河流之一。跨皖浙两省的新安江流域生态补偿试点经过两轮实施，实现了环境效益、经济效益、社会效益多赢的局面。

4. 新安江流域生态补偿监管工作有待加强

在新安江流域水环境补偿绩效评估中，可以发现2015年新安江流域的生态环境保护绩效排名明显下降，甚至是试点工作的6年以来的最低值。2015年虽然是第二轮新安江流域生态补偿的开始，但是查阅资料可知，安徽省和浙江省在第一轮和第二轮试点工作的延续问题上，从开始商议到协议签订，花费了差不多两年的时间，第二轮《关于新安江流域上下游横向生态补偿协议》签订时间已经是2016年年底。2015年新安江流域工业废水中的污染物排放量是6年中的最大值，空气质量达到及好于二级的天数是6年中的最小值，很可能是没有相应的协议约束，生态保护投入和监管力度不足导致的。

（二）政策建议

1. 新安江流域水环境补偿的方式应多元化

新安江流域水环境补偿实施以来，黄山市投入了大量的人力、物力、财力对新安江流域进行生态治理，而协议规定的补偿甚至不能填补黄山市在新安江流域治理上的经济投入，更不用说其他人力和物力投入补偿。例如：上游渔业网箱退养使很多村民失去了一直以来安家致富的途径，对于村民来说，现行的钱财的补偿效果比不上长期的营生重要；安徽、浙江两省为了保障新安江流域的生态环境，不只关停了很多重污染企业，还加强了新建工业企业的环境准核标准，拒绝了大批企业在当地投资建厂，损失了大量经济发展和人才就业的机会，协议制定的补偿金额也不能弥补这些损失。另外，黄山市在上游的环境治理使得下游千岛湖旅游越办越好，为下游带来了巨大的经济效益，而这些效益并没有为上游地区带来任何收益，对于新安江上游居民和城市来讲，这对他们落实生态补偿工作的积极性显然是一种负激励。

因此，安徽、浙江两省在协商新安江流域水资源生态补偿时，不应该仅仅考虑货币性的补偿，还要考虑其他的补偿方式，例如：上游城市及新安江周边居民的长期收入补偿，安徽、浙江两省应创造更多的就业机会，保障村民的长期稳定收入，加强两省文化交流，提高村民精神文明，增强村民的协调发展意识、市场经济意识，让村民能够自己发展，为自己谋求更多出路，获得更多收入；黄山市经济发展补偿，皖浙两省可以加强经济合作，在浙江省招商引资时，优先考虑与黄山市的经济合作，利用浙江省的经济发展优势帮助黄山市经济发展等。

2. 新安江流域生态补偿的评价方式应多元化

《新安江流域水环境补偿协议》规定安徽、浙江两省按照水质测量计算的 P 值决定补偿金的归属问题。这种考核方法过于简单，诚然解决水体污染和富营养化是新安江流域生态补偿最重要的目标，然而新安江流域水环境补偿如今已经进入了第三轮试点，水质和环境污染问题基本稳定解决。我们也要开始考虑环境的可持续发展及周边的产业发展问题，在评价新安江流域生态补偿绩效时，加入当地的生态可持续发展能力、经济可持续发展能力、人民生活幸福感等其他方面的考核，例如，将新安江流域物种丰富度、新安江流域居民对生态补偿政策的认可度、黄山市经济结构改善等加入评价体系，让新安江补偿在改善周边生态环境的同时，成为黄山市新的经济发展增长点。

3. 注重提升新安江流域公众的生态文明意识

新安江流域有效而长久的环境保护不能仅依靠利益促动和政策约束，而是要让周边居民认识到“绿水青山就是金山银山”的发展理念，认识到保护新安江流域的水资源是持续发展、有效发展的前提。这就需要新安江流域居民努力提高自身的生态文明意识，提升自身的卫生环保意识，不因小利弃大德，始终以保护环境、保护水源为基本要求，促进新安江流域的经济协调可持续发展。只有全面提升居民的生态文明意识，养成居民珍惜现有的良好环境、爱护周边公共设施、自觉建设生态可持续发展的习惯，才能长久地保障新安江流域生态治理的有效实施。

新安江流域生态水环境生态补偿试点工作以来，黄山市在生态文明意识的宣传工作和培养居民健康环保的生活习惯上做了很多努力，例如，建立“山水相济、人文共美”的新安江生态经济示范区；进行农村卫生厕所改造，加强村民的卫生意识；宣传垃圾分类思想，村民可以用垃圾换物资，改变居民生活习惯。在当下新安江流域生态补偿试点工作已取得良好成绩的情况下，更应该加强周边居民的生态文明建设，继续通过宣传环境保护的优势、改善居民的生活环境、设立环境监督小组，监督居民破坏生态环境的行为并给予适当处罚等方式加强居民的主人公意识和环境保护意识，将新安江流域的环境治理从外在环境质量的提高转向居民内在环保意识的加强，实现新安江流域生态环境长久的改善。

参考文献

[1] 中国政府网.

[2] 国家发改委、财政部、生态环境部等政府部门网站.

[3] 安徽省人民政府信息公开网.

[4] 安徽省发改委、安徽省财政厅、安徽省生态环境厅、安徽统计局等政府部门网站.

[5] 黄山市政府、市发改委、市财政局、市生态环境局、市林业局、市农业农村局等政府网站.

[6] 杨晓黎，陈歆，李建军.新安江污水治理的探索和实践：“习近平生态文明思想的新安江实践”理论研讨会论文集［C］.合肥：中共安徽省委宣传部、中共黄山市委，2018.

[7] 关海玲.基于熵值法的城市生态文明发展水平评价的实证研究［J］.工业技术经济，2015（1）：116－122.

[8] 张瑶，孙欣.安徽省生态文明的综合评价与实证分析［J］.荆楚理工学院学报，2016，31（6）：77－85.

[9] 张茜，王益澄，马仁锋.基于熵权法与协调度模型的宁波市生态文明评价［J］.宁波大学学报（理工版），2014，27（3）：113－118.

[10] 康晓娟，杨冬民.基于泰尔指数法的中国能源消费区域差异分析［J］.资源科学，2010，32（3）：485－490.

[11] 王筱明.基于熵权法的济南市土地利用效益评价研究［J］.水土保持研究，2008（2）：96－98.

[12] 齐岳，赵晨辉，廖科智，等.生态文明评价指标体系构建与实证［J］.统计与决策，2018，34（24）：60－63.

[13] 颜顺琪，徐紫萱.江苏省生态文明评价指标体系研究［J］.中国市场，2018（26）：22－24.

[14] 孟楠.基于层次分析法的城市生态文明建设评价及策略研究［J］.城市，2018（8）：70－79.

[15] 郭建卿，靳乐山.中国生态补偿研究综述［J］.林业经济问题，2008（4）：371－376.

[16] 徐大伟，刘春燕，常亮.流域生态补偿意愿的 WTP 与 WTA 差异性研究：基于辽河中游地区居民的 CVM 调查［J］.自然资源学报，2013，28（3）：402－409.

[17] 彭晓春，刘强，周丽旋，等.基于利益相关方意愿调查的东江流域生态补偿机制探讨［J］.生态环境学报，2010，19（7）：1605－1610.

[18] 马丹，高丹．矿产资源开发中的生态补偿机制研究［J］．现代农业科学，2009，16（2）：59-61.

[19] 张建肖，安树伟．国内外生态补偿研究综述［J］．西安石油大学学报（社会科学版），2009，18（1）：23-28.

[20] 郑海霞．关于流域生态补偿机制与模式研究［J］．云南师范大学学报（哲学社会科学版），2010，42（5）：54-60.

[21] 王青云．关于我国建立生态补偿机制的思考［J］．宏观经济研究，2008（7）：11-15+49.

[22] Madani K. Game theory and water resources［J］. Journal of Hydrology，2010，381：225-238.

[23] Costanza R，D Arge R，De Groot R，et al. The value of the world's ecosystem services and natural capital［J］. World Environment，1997，387（6630）：253-260.

[24] 肖玉，谢高地，安凯．莽措湖流域生态系统服务功能经济价值变化研究［J］．应用生态学报，2003（5）：676-680.

[25] 虞锡君．构建太湖流域水生态补偿机制探讨［J］．农业经济问题，2007（9）：56-59.

[26] 彭普，代启亮．滇池流域生态补偿研究［J］．安徽农业科学，2019，47（4）：79-80+94.

[27] 张落成，李青，武清华．天目湖流域生态补偿标准核算探讨［J］．自然资源学报，2011，26（3）：412-418.

[28] 黄河，柳长顺，刘卓．水生态补偿机制：案例与启示［M］．北京：中国环境出版社，2015.

[29] 杜敏，周丽旋，彭晓春．基于行政区域统筹的生态补偿政策及应用模式［M］．北京：化学工业出版社，2015.

[30] 李磊．首都跨界水源地生态补偿机制研究［D］．北京：首都经济贸易大学，2016.

[31] 丁爱中，李原园，张淑荣．与水有关的生态补偿实践与经验［M］．北京：中国水利出版社，2018.

[32] 张婕，王济干，徐健．流域生态补偿机制研究：基于主体行为分析［M］．北京：科学出版社，2017.

[33] 孔德帅．区域生态补偿机制研究［D］．北京：中国农业大学，2017.

[34] 杨光梅，闵庆文，李文华．甄霖中国科学院地理科学与资源研究所．我国生态补偿研究中的科学问题［J］．生态学报，2007（10）：4289-4300.

[35] 柳荻，胡振通．生态保护补偿的分析框架研究综述［J］．生态学报，2018，38（2）：380-392.

图书在版编目（CIP）数据

安徽生态文明建设发展报告 2019：新安江生态补偿机制专题报告/张会恒，孙欣，夏茂森著．—合肥：合肥工业大学出版社，2019.7
（安徽财经大学服务安徽经济社会发展系列研究报告 2019）
ISBN 978-7-5650-4554-7

Ⅰ.①安… Ⅱ.①张… ②孙… ③夏… Ⅲ.①生态环境建设—研究报告—安徽—2019②生态环境—补偿机制—研究报告—安徽—2019 Ⅳ.①X321.254

中国版本图书馆 CIP 数据核字（2019）第 140933 号

安徽生态文明建设发展报告 2019
——新安江生态补偿机制专题报告

张会恒 孙 欣 夏茂森 著 责任编辑 刘 露

出 版	合肥工业大学出版社	版 次	2019 年 7 月第 1 版
地 址	合肥市屯溪路 193 号	印 次	2019 年 7 月第 1 次印刷
邮 编	230009	开 本	710 毫米×1010 毫米 1/16
电 话	综合编辑部：0551-62903028	印 张	12.25
	市场营销部：0551-62903198	字 数	163 千字
网 址	www.hfutpress.com.cn	印 刷	合肥现代印务有限公司
E-mail	hfutpress@163.com	发 行	全国新华书店

ISBN 978-7-5650-4554-7 总定价：330.00 元